YOGA
SEM MISTÉRIOS

COMPREENDA O YOGA DE UMA MANEIRA SIMPLES E DESCOMPLICADA.

Editora Appris Ltda.
1.ª Edição - Copyright© 2020 dos autores
Direitos de Edição Reservados à Editora Appris Ltda.

Catalogação na Fonte
Elaborado por: Josefina A. S. Guedes
Bibliotecária CRB 9/870

F587y
2020
	Flausino, Jefferson
	    Yoga sem mistérios : compreenda o Yoga de uma maneira simples e descomplicada / Jefferson Flausino. - 1. ed. – Curitiba : Appris, 2020.
	    237 p. ; 23 cm. – (Artêra).
	
	    Inclui bibliografias
	    ISBN 978-65-5523-198-4
	
	    1. Ioga. I. Título. II. Série.
	
	                                      CDD – 181.45

Livro de acordo com a normalização técnica da ABNT

Appris
editora

Editora e Livraria Appris Ltda.
Av. Manoel Ribas, 2265 – Mercês
Curitiba/PR – CEP: 80810-002
Tel. (41) 3156 - 4731
www.editoraappris.com.br

Printed in Brazil
Impresso no Brasil

Jefferson Flausino

YOGA
SEM MISTÉRIOS

COMPREENDA O YOGA DE UMA MANEIRA SIMPLES E DESCOMPLICADA.

FICHA TÉCNICA

EDITORIAL	Augusto V. de A. Coelho
	Marli Caetano
	Sara C. de Andrade Coelho
COMITÊ EDITORIAL	Andréa Barbosa Gouveia (UFPR)
	Jacques de Lima Ferreira (UP)
	Marilda Aparecida Behrens (PUCPR)
	Ana El Achkar (UNIVERSO/RJ)
	Conrado Moreira Mendes (PUC-MG)
	Eliete Correia dos Santos (UEPB)
	Fabiano Santos (UERJ/IESP)
	Francinete Fernandes de Sousa (UEPB)
	Francisco Carlos Duarte (PUCPR)
	Francisco de Assis (Fiam-Faam, SP, Brasil)
	Juliana Reichert Assunção Tonelli (UEL)
	Maria Aparecida Barbosa (USP)
	Maria Helena Zamora (PUC-Rio)
	Maria Margarida de Andrade (Umack)
	Roque Ismael da Costa Güllich (UFFS)
	Toni Reis (UFPR)
	Valdomiro de Oliveira (UFPR)
	Valério Brusamolin (IFPR)
ASSESSORIA EDITORIAL	Lucas Casarini
REVISÃO	Isabela do Vale Poncio
	Larissa Luizari Teixeira
PRODUÇÃO EDITORIAL	Jhonny Alves dos Reis
DIAGRAMAÇÃO	Daniela Baumguertner
CAPA	Giuliano Ferraz
FOTOGRAFIA	Daniela Pinheiro
ASSISTENTE DE FOTOGRAFIA	Raquel Leite
COMUNICAÇÃO	Carlos Eduardo Pereira
	Débora Nazário
	Kananda Ferreira
	Karla Pipolo Olegário
LIVRARIAS E EVENTOS	Estevão Misael
GERÊNCIA DE FINANÇAS	Selma Maria Fernandes do Valle
COORDENADORA COMERCIAL	Silvana Vicente

Os ensinamentos são importantes por si mesmos e intérpretes ou comentadores apenas os distorcem, sendo aconselhável ir diretamente à fonte, os próprios ensinamentos, e não se valer de nenhuma autoridade.

Jiddu Krishnamurti

AGRADECIMENTOS

À minha família que, *karmicamente*, proporcionou-me a oportunidade de viver, e, por meio dos desígnios da vida, encontrar o Yoga. Especialmente, profunda gratidão aos meus professores de ontem, hoje e sempre: Luiz, Nina, Sandro, André e, em especial, ao meu atual Mestre Sri Dharma Mitra. Aos mentores do Yoga que, pelo seu legado, inspiraram-me, no passado, a trilhar o caminho do Yoga e, ainda, continuam iluminado minha jornada: Swami Kuvalayananda, Swami Shivaananda, Krishnamacharya, Chose Aurobindo e tantos outros. Aos meus tantos alunos por sua confiança e oportunidade de ensinar-lhes e, com eles, também aprender. E, certamente, a todos os bons professores que dedicam suas vidas a esta nobre missão – compartilhar o Yoga e perpetuar essa joia preciosa à humanidade.

À querida Larissa e aos meus filhos: Andriele, João e ao recém-chegado, Valentim. Que suas vidas sejam auspiciosas e repletas de bons aprendizados e compaixão.

PREFÁCIO

Com o ritmo de vida frenético que levamos, cada dia mais sentimos a necessidade de desacelerar e reconectar-nos com a nossa natureza e essência, melhorando a saúde do corpo e da mente. Dessa maneira, encontrar formas de gerenciar o stress e o cansaço causados pelo excesso de trabalho, trânsito, barulho, inúmeros compromissos se tornou a principal busca da vida moderna.

E é nesse cenário que o Yoga ganha mais espaço no Ocidente. Há aqueles que o veem como filosofia, outros, como terapia, cura doenças, ou ainda como uma religião e uma forma de estar conectado a algo maior, e há ainda aqueles que veem no Yoga uma prática que une uma infinidade de técnicas corporais. Mas afinal, o que é o Yoga?

As primeiras informações sobre o Yoga foram registradas há mais de 2.000 anos pelo sábio hindu Patanjali, que sistematizou a filosofia por meio dos Yogasutras. A partir de então, a prática vem se disseminando pelo Ocidente. Com isso, muitas teorias surgiram em torno do Yoga, o que acaba sendo algo esperado para essa tradição que surgiu na Índia, uma cultura completamente diferente da nossa.

Porém, mesmo com a profusão de estilos de tantas escolas mundo afora, tantas mudanças, adaptações e até mesmo distorções, é a essência da prática que leva o Yoga a se manter vivo.

Na busca por autoconhecimento, o Yoga não demorou a surgir em minha vida, pois não há prática que mais nos convide a esse mergulho dentro de nós. Primeiro por meio da meditação e depois pela disciplina corporal exigida pela prática, que nos mantêm atentos e presentes no aqui e agora.

Foi perseguindo o Yoga que encontrei a Escola Dharma, um bálsamo para aqueles que, como eu, tentam manter a saúde física e mental vivendo na freneticidade da cidade de São Paulo. Foi nesse momento que conheci Jefferson Flausino, que, à frente da Escola Dharma, compartilha com muita responsabilidade e disciplina o conhecimento adquirido em anos de prática, estudos e pesquisas com aqueles que buscam se aprofundar nos estudos do Yoga e viver uma vida mais equilibrada.

Apaixonado pelo Yoga e pelo trabalho que desenvolve, Jefferson Flausino encontrou na produção deste livro uma forma de levar esse conhecimento a tantos outros que buscam o Yoga em sua essência, e se dedicou de forma incansável a reunir nesta obra informações fundamentadas e de grande relevância sobre a história e a prática dessa tradição milenar.

O livro *Yoga sem Mistérios*, como o próprio título sugere, busca responder de forma acessível e clara dúvidas que permeiam o universo do Yoga, desmistificando sua história para praticantes experientes, iniciantes, ou mesmo aqueles que ainda não praticam, mas querem entender mais sobre esse caminho que vai muito além do físico, e que une corpo e mente em busca da consciência plena.

Na forma de perguntas e respostas, o livro traz, de maneira concisa, a história do Yoga, desde o registro de seu nascimento na Índia até os dias atuais, momento em que a prática já passou e ainda passa por inúmeras ressignificações. Além de detalhar mais de 100 ásanas, reunidos em um capítulo dedicado à explicação minuciosa de cada técnica corporal, apresentadas por meio de fotos, suas variações e contraindicações.

Definitivamente, *Yoga sem Mistérios* é um livro para todos aqueles que querem conhecer de forma mais genuína o universo do Yoga e viver a transformação oferecida por esta prática.

Larissa Luizari Teixeira

Jornalista e praticante de Yoga

SUMÁRIO

INTRODUÇÃO 15

1
POSSÍVEIS ORIGENS DO YOGA 21

2
YOGA À LUZ DA VERDADE 35

3
YAMAS E NIYAMAS –
O CÓDIGO DE ÉTICA YOGUI 73

4
MUDRÁ E PÚJÁ – OS GESTOS
E A PRÁTICA DA GRATIDÃO 83

5
MANTRA E JAPA – A LINGUAGEM
REVERBERANTE DO YOGA 91

6
PRÁNÁYÁMA – CONTROLE DA
RESPIRAÇÃO E PENSAMENTO 105

7
KRIYAS – A PURIFICAÇÃO YOGUI
DO CORPO DENSO E SUTIL 115

8
ÁSANA – O TRONO SAGRADO
DO CORPO E DA MENTE 129

9
RELAXAMENTO E MEDITAÇÃO 211

10
GLOSSÁRIO YOGI 221

REFERÊNCIAS 235

INTRODUÇÃO

O Yoga, certamente, é uma dessas preciosidades da vida humana que em algum momento acaba passando pela sua vida. Seja pela iniciativa de amigos, familiares ou você mesmo que, por algum motivo, decidiu ler, estudar ou praticar o Yoga. Então, muito provavelmente você já ouviu falar do Yoga e de tantas maravilhas que ele proporciona, como, por exemplo, pessoas que se curaram de graves doenças ou de males diversos, ou grupos de indivíduos que, supreendentemente, acessaram grandes avanços de civilidade e consciência. Mas minha experiência pelo Yoga sugere ir com calma por esse caminho. É verdade que o Yoga atua como uma ferramenta incrível no gerenciamento da saúde física e mental, mas isso é, em certa medida, uma espécie de efeito colateral de uma prática que requer, antes de mais nada, muita perseverança, disciplina e devoção. E acredite, nem tudo o que parece é. Há muito mais *mito,* na acepção falaciosa da palavra, do que *verdade* no microuniverso do Yoga. E espero, depois de décadas de prática, estudos e repertório que reuni, esclarecer, neste livro, os principais tópicos da prática *yogi*, na forma de perguntas e respostas e numa linguagem bastante simples e objetiva. Procurei, na elaboração deste trabalho, estabelecer uma linha de raciocínio imparcial sobre questões pertinentes a todos àqueles que desejam desfrutar de uma vida yogi ou, simplesmente, aventurar-se por um breve momento neste caminho maravilhoso que sugere o autoconhecimento – o Yoga.

Talvez você já tenha feito aulas de Yoga em uma boa escola, em um parque, um clube, ou faça atualmente. E, provavelmente, se fez, percebeu que em pouco tempo de prática houve uma mudança muito positiva em sua vida cotidiana – fora do seu tapetinho de Yoga. Ou por um toque do sagrado em seu coração tenha, agora, despertado a curiosidade em conhecer um pouco mais essa incrível arte de autodesenvolvimento e gerenciamento da vida e, quem sabe, identificar-se com a prática no sentido de torná-la um dos pilares de sua vida. Seja como for, quando buscamos o Yoga, num primeiro momento – e foi assim comigo também –, é muito comum que acessemos uma série de informações que, muitas vezes, mais confundem do que esclarecem o nosso discernimento sobre o que seja a prática adequada dessa técnica milenar, e isso é muito natural, afinal, estamos tratando de uma tradição que nasceu há mais de dois mil anos, numa cultura muito diferente e distante da nossa, e que possui uma profusão quase que incontável de estilos, de escolas diferentes, que nasceram no período contemporâneo. Então vamos nos esforçar juntos, eu e você, para elucidar a prática do Yoga dentro dos moldes que norteiam as principais escolas no mundo hoje.

Para começar, partindo da narrativa histórica e literária, podemos entender que o Yoga nasceu como uma doutrina filosófica espiritualista e/ou religiosa, há milênios, no lugar onde, hoje, chamamos de Índia (*há outras teorias de que, talvez, o Yoga tenha nascido na Caxemira ou Paquistão – veja mais à frente, no capítulo sobre a historiografia do Yoga*). E encontramos essas referências filosóficas, religiosas e/ou espiritua-listas com muita clareza na literatura clássica da tradição Hindu, como por exemplo: *Baghavad–Gita, Yogasutras, Hatha Yoga Pradipika* entre outros. Portanto é fato documentado, histórico e arqueológico de que o Yoga, por milênios, foi uma prática doutrinária filosófica e espiritualista dedicada à libertação de *Maya* (a ilusão) – objetivo do Yoga, segundo os *Yogasutras* (texto redigido na Índia antiga há mais de 2.000 anos). Essa visão do Yoga como uma doutrina filosófica e/ou espiritualista, foi passada de geração em geração por seus incontáveis *Gurus* (professores ou líderes espirituais), *Swamis* (monges), *Sris* (mestres), *Sadus* (ermitões ou homens santos) e tantos outros que pertenciam às diferentes camadas da sociedade tradicional hindu.

Já no período contemporâneo, o Yoga desenvolvido nas academias, nas escolas e parques é bastante diferente do Yoga histórico e doutrinário. E mesmo com tantas diferenças que se percebe em propostas distintas de Yoga, como, por exemplo, se o Yoga é meditação, exercícios corporais ou religião, as características milenares do Yoga, enquanto doutrina filo-sófica, permanecem, em certa medida, nos dias atuais. Porém sofrendo uma ressignificação necessária às necessidades do período moderno ao qual o Yoga se moldou, que começou há pouco mais de cem anos por uma série de motivos que procuraremos elucidar no decorrer do livro.

Outra verdade visível é que o Yoga continua sofrendo uma heterogê-nea ressignificação de seus métodos e narrativas, voltada principalmente para os efeitos utilitários da prática. Ressignificação que, tradicionalmente, contraria a sua origem enquanto filosofia, para, no período moderno, preocupar-se com os aspectos terapêuticos, funcionais e científicos, os quais, sabidamente, tendem a ensinar como gerenciar o estresse, respirar melhor e ter um corpo fisicamente mais saudável, além de promover o autoconhecimento e contribuindo, como na tradição mais antiga, para a libertação das demasiadas ilusões da mente. Estes dois últimos, autoconhecimento e libertação das ilusões, preservam a originalidade da prática ortodoxa do Yoga como via filosófica e/ou espiritual. Mas há também escolas de Yoga religioso e espiritualista e que nada têm a ver com o Yoga físico praticado nas academias – abordaremos esse aspecto do Yoga mais à frente no livro.

Então, observando o Yoga dentro do contexto contemporâneo e com suas comprovadas e variadas aplicabilidades, embasado, se bem direcionado, na tradição mais antiga, como uma doutrina filosófica e/ou espiritualista, podemos entender que a finalidade do Yoga, hoje, indiscutivelmente, é melhorar a saúde integral do praticante. Ou seja, é promover a saúde do corpo, da mente e das emoções por meio de uma filosofia prática de vida – o Yoga. E como resultado, ter uma melhora expressiva da consciência que leva o indivíduo, pela constância da prática, a observar o mundo com mais discernimento e profundidade, a ser mais assertivo nas escolhas, benéfico e ético ao meio em que vive. Logo, o refinamento da espiritualidade, comum à prática antiga do Yoga, ocorre naturalmente nessa simbiose do antigo com o moderno. Pois o caminho espiritual, acredito, está íntima e inexoravelmente ligado ao autoconhecimento por excelência. E é isso que o Yoga proporciona em sua essência mais autêntica – autoconhecimento. Assim sendo, observando o contexto evolutivo da prática yogi, o Yoga moderno encontrou diferentes caminhos e desenvolveu novas e eficazes ferramentas para tentar lidar com antigas questões que não foram, em sua plenitude, resolvidas no passado. Haja vista que se essas antigas questões, relacionadas ao universo subjetivo da mente humana, já tivessem sido esclarecidas, lá no passado, o Yoga, muito provavelmente, não existiria mais hoje em dia, pois teria perdido a sua relevância e necessidade na vida atual. Talvez seja essa uma das razões de sua ressignificação contemporânea e, acredito, contínua.

Este livro, portanto, apesar de conter ensinamentos básicos, com uma linguagem bastante simples e de fácil compreensão, foi embasado em livros sérios, de autores renomados. Então você pode lê-lo sem receio, mas ainda assim mantenha o seu senso crítico, filtrando toda e qualquer informação aqui registrada e, se julgar pertinente, assimilando para a sua vida. Questione e investigue sempre, pois sua liberdade de pensar e viver depende disso. Convido-lhe, com alegria, para praticar e divulgar o que há de tão maravilhoso para todos os seres humanos, o Yoga.

No início, o Yoga era, provavelmente, um único Caminho, mas sua evolução por tantas jornadas diferentes o tornou a ciência, a arte e a técnica, que, inteligentemente, promove o meio para se estabelecer uma vida adequada. É, portanto, a cultura do autoconhecimento por excelência.

Não há sentido no presente sem reflexão do passado. E não há auspicioso futuro sem gratidão no presente.

POSSÍVEIS ORIGENS DO YOGA

Como e onde, provavelmente, surgiu o Yoga?

Infelizmente não existem referências precisas, na arqueologia, sobre o surgimento do Yoga. Todos os registros são especulativos, passivos a diversas interpretações e, por esse motivo, dão margem a mirabolantes e fantasiosas narrativas. O que podemos afirmar, historicamente, é que o Yoga antigo era dogmático, doutrinário e religioso, e provavelmente foi um dos alicerces da religiosidade hindu. Haja vista que o Yoga doutrinário é um dos seis pontos de vista (*dárshana*) para compreender o hinduísmo enquanto cultura religiosa.

Como citado anteriormente, infelizmente é muito difícil rastrear, arqueológica e fidedignamente, as origens exatas do Yoga como uma técnica pura – se é que podemos dizer que houve uma prática unificada. Tendo como base toda uma literatura e as inúmeras teorias sobre os primórdios do Yoga, podemos afirmar que não existe apenas uma origem. Existem, na verdade, inúmeras suposições, que transitam entre histórias profundamente recheadas de um romantismo místico indiano e poucos fatos arqueológicos e científicos confiáveis, que podemos acessar. Portanto consideraremos nesse breve comentário, o contexto histórico investigativo, narrado por arqueó-logos, cientistas das religiões e historiadores especialistas em hinduísmo, para tentarmos mapear os resquícios historiográficos das possíveis origens do Yoga. Cinco dessas hipóteses são as mais aceitas no meio acadêmico para a compreensão histórica do Yoga. Das cinco teorias a seguir, a primeira, sobre a invasão ariana, caiu em certo descrédito por questões-históricas e conceituais, mas ainda assim continua a ser utilizada por muitas escolas de Yoga, no Brasil e no mundo. Mas as outras quatro teorias são mais discutidas e aceitas no meio acadêmico e microuniverso do Yoga.

A primeira teoria sobre o surgimento do Yoga, defendida fortemente num passado recente, durante o jugo britânico na Índia, segue a linha histórica da invasão ariana no território de *Bharata* (Índia). Nessa teoria, a Índia sofreu sua segunda grande invasão, movida pelos arianos, durante um período de quase quinhentos anos, a cerca de 2500 anos antes da era comum (antes de Cristo).

Os primeiros arianos que invadiram a Índia estavam alocados do centro ao norte do país, mais precisamente a noroeste — única região que permitia a passagem da Índia ao resto do continente asiático, separada pela grande Cordilheira dos Himalaias. Esses invasores, por uma série de motivos que envolvia logística, contingente militar, geografia e outros, nunca conseguiram completar a conquista da Índia, mas deixaram cicatrizes culturais marcantes e, provavelmente, o Yoga foi um subproduto dessa invasão.

Mas essa teoria começou a ser menos utilizada no final do século XIX. O próprio Max Muller, cientista das religiões, orientalista e mitólogo alemão, elaborador da teoria da invasão ariana, quando questionado por outros fatos arqueológicos, teve de recuar, em partes, nessa afirmação. Muller, um dos primeiros especialistas ocidentais em literatura sânscrita, foi contratado pela coroa britânica para descredibilizar a cultura hindu — lembrando que o jugo britânico na Índia durou quase 200 anos e, portanto, essa prática era um estratagema para enfraquecer a identidade hindu. A cultura indiana, submissa aos britânicos, passa a ser catequizada nas escolas como sendo fictícia e sem embasamento cultural e filosófico, sendo apenas um reflexo de uma civilização inferior. Com isto, por meio de uma gradual ocidentalização da população indiana, ela sofreu, profundamente, a perda de sua identidade cultural e valores históricos, que, infelizmente, perdura até hoje.

Parte do resultado dessa distorção histórica produziu toda uma literatura equivocada. Grande parte dos textos traduzidos direto do sânscrito para o inglês estava recheada de equívocos conceituais, por carência de uma compreensão mais profunda da história indiana e, talvez, de deturpações propositais, com o intuito de sabotar a cultura hindu. Boa parte das traduções realizadas naquela época e que, infelizmente, estão à disposição até hoje, não são confiáveis e estão cheias de erros conceituais. Pois os ocidentais que as fizeram não se ativeram à profundidade do conhecimento que estavam transliterando e traduzindo, uma vez que se tivessem percebido essa preciosidade, jamais teriam machucado a face de um dos maiores conteúdos histórico-filosóficos da humanidade.

Mesmo não havendo dados arqueológicos confiáveis, como podemos ter propriedade de conhecimento sobre algo acerca dessa tradição? Uma das principais respostas que temos a essa questão é, indiscutivelmente, a tradição oral (*parampara*). Na qual os mestres antigos transmitiam seus conhecimentos aos seus discípulos, de geração em geração, na forma falada, e que, posteriormente, começou a ser registrada na forma escrita. Isto pode fornecer-nos pistas confiáveis, apesar da datação dos eventos literários não ser uma das preocupações dos antigos hindus.

A segunda teoria do surgimento do Yoga é sugerida pelo Dr. Georg Feuerstein (1947 a 2012), indólogo alemão especializado na filosofia do Yoga. O Dr. Feuerstein denomina sua teoria como, *dravidiana*, que seria o povo que existia a noroeste da Índia antes da chegada dos indo-europeus. De acordo com o indólogo alemão, os indo-europeus teriam chegado à Índia e incorporado a cultura dos drávidas. O Yoga, portanto, seria fruto dessa simbiose cultural.

A terceira teoria do surgimento do Yoga relaciona suas origens aos ritos *xamânicos* da Ásia central. Essa teoria é seriamente defendida por Mircea Eliade (1907 a 1986), cientista das religiões, mitólogo, filósofo, historiador e romancista romeno, naturalizado norte-americano. Para o professor Eliade, o Yoga é fruto cultural dos hindus-europeus e de seus ritos xamânicos. O xamanismo, apresentado pelo professor, trata-se de uma passagem, transição, entre o mundo da vigília (consciente) e o mundo dos sonhos (inconsciente). Esse conceito se encaixa, de certa forma, aos resquícios conceituais do Yoga primitivo. Encontramos claras referências a isso nas *upanishadas,* como *Turya* (o quarto estado), o qual Pátañjali associa à respiração, *pránáyáma.*

A quarta teoria sobre o surgimento do Yoga confere seu início em torno do nascimento do budismo (546 a.C.). Centraliza-se em um persona-gem chamado *Pátañjali,* que provavelmente era um *brâmane* (casta superior na hierarquia social indiana) da linhagem do *Yajur Veda*, da região entre a Caxemira e o Afeganistão. *Pátañjali, o sábio,* foi, nessa teoria, o sistemati-zador do Yoga doutrinário (conceitual, comportamental e meditativo). Essa sistematização produziu o texto célebre do hinduísmo conhecido como *Yoga Sutras*. Mas essa teoria tem sido menos utilizada por causa da baixa quantidade de provas que são apresentadas, desconsiderando os outros movimentos culturais que ocorriam paralelamente naquela mesma época e que demonstram, a partir da datação arqueológica das literaturas, que o

Yoga iria ocorrer, independentemente, seja pelas mãos de *Pátañjali* ou não. Isso pode ser atestado nos fragmentos literários que têm forte aceitação no que é conhecido, hoje em dia, como Yoga doutrinário, épico e/ou literário.

A quinta teoria sobre o surgimento do Yoga trata-se da teoria especulação da origem védica. A hipótese Dravidiana é contraposta principal e magistralmente por David Frowley. Nascido em 1950, Frowley é autor e professor hindu americano, que escreveu mais de trinta livros sobre os Vedas, Hinduísmo, Yoga, Ayurveda e Astrologia Védica, nos quais defende que o Yoga tem origem védica. O substrato dessa cultura teria sido trazido pelos próprios indo-europeus, atrelando à redação do hinário védico pelos brâmanes.

É necessário investigar mais as origens do Yoga?

Para registros históricos, sim. A arqueologia continua investigando as origens do Yoga. Ainda não há referências arqueológicas precisas sobre o nascimento original do Yoga. Todo bom questionamento tende a promover uma boa investigação, e para isso, temos que ser imparciais, ou seja, não tendenciosos a este ou aquele lado dá história que gostaríamos de contar. É necessário, acredito, antes de procurar a origem do Yoga, que busquemos saber o que ele é em sua origem comportamental. Para isso, é necessário conceituá-lo antes de posicioná-lo no tempo e no espaço, para que, então, possamos ir rastreando e recuando dentro da história hindu, buscando onde estão as peças que se encaixam, não com perfeição, pois como sabemos, há vários lapsos temporais e contraditórios na historiografia do Yoga, pois todos os estudos historiográficos estão embasados em teorias, muitas delas antagônicas, mas que nos ajuda a ter um norte, a organizar uma parte considerável desse quebra-cabeça, nos dando pistas mais coerentes da linha do tempo que queremos pensar e construir.

É curioso, pois basta que alguém fale a palavra Yoga para evocar na nossa imaginação todo um emaranhado de técnicas como *ásanas* (que são associados às posições físicas), *pránáyámas* (que são associados aos respiratórios) e *chakras (*vórtices de energia espalhados pelo corpo humano sutil que se encontram atrelados a uma literatura consideravelmente moderna – segundo alguns pesquisadores). No entanto, devemos lembrar que ele, o Yoga, é um termo pertencente à linguagem sânscrita, que aparece na cultura religiosa hindu com muita frequência, e sugere *utilização,* *adequação, amoldamento, acomodação*, entre outras. Ou seja, era antes de tudo uma palavra, e a palavra antecedeu o método, a técnica, a cultura yogi como hoje conhecemos. Se abrirmos o dicionário, encontraremos muitos outros significados para esse termo e que são pouco usuais, como *jugo, junção, as correias de um uniforme militar, magia, embuste, ganho, lucro, estratagema* etc. Não estava em suas origens, vinculado a nenhuma escola ou a nenhum sistema filosófico ou religioso. Era meramente uma palavra que tinha o significado *de uso, meio ou adequação.*

O que é o Hinduísmo, cultura ao qual o Yoga faz parte?

A crença central do povo indiano é que a sua cultura persistirá por toda a eternidade. Essa crença recebe o nome de *"Sanatana Dharma"* – o *Dharma Eterno. Dharma* provêm de uma raiz verbal sânscrita que significa *"segurar".* É traduzido literalmente como *"aquilo que é firme",* e é associado à nossa vocação existencial. É o que nos dá sentido na vida. Ou seja, é o nosso propósito, a nossa verdade mais íntima – aquilo que nascemos para ser e realizar no mundo.

No século VI a.e.C., teve início o Hinduísmo clássico, baseado em duas ideias fundamentais. Uma dessas ideias refere-se aos *brâmanes,* que reforçaram seu poder, elaborando rituais cada vez mais complicados, e se tornaram conselheiros dos numerosos príncipes, dos quais recebiam muitos favores e dinheiro *(dakshina).* Poder esse que teve sua ruína com a queda do império romano, que deixou de insuflar riquezas na Índia – em busca de suas especiarias, tecidos e outros itens exóticos.

Nasceram, portanto, movimentos contra o excessivo ritualismo e os privilégios reservados aos *brâmanes.* Como é o caso do Yoga, Jainismo e Budismo, que rejeitavam a reivindicação *Bramânica* como única autoridade dos *Vedas.* Esses movimentos pregavam a salvação, não como consequência dos sacrifícios de animais e rituais, mas como disciplina pessoal, num relacionamento da pessoa com a consciência universal, eliminando, assim, o intermediário humano.

Como reação a essa contestação, os *brâmanes* cederam aos apelos populares e pequenos grupos religiosos já existentes, para organizar um panteão imenso de personagens organizados, sob a égide da tríade divina *(Brahma, Vishnu e Shiva),* construindo templos e lugares de adoração.

O *Bramanismo*, isto é, a religião dos *brâmanes,* subsistiu durante vários séculos ao lado do Hinduísmo. Forçando, a contragosto da população, um sistema de castas que os beneficiava. Permitindo, por exemplo, que o *Brâmane* estivesse sempre no topo da sociedade.Agora, numa visão bem resumida e sintetizada sobre o Hinduísmo, enquanto cultura religiosa, existem, essencialmente, seis maneiras diferentes de compreender o pensamento hindu. Esse olhar, dividido em seis feixes religiosos, é chamado de *Darshana* (pontos de vista). E um desses pontos de vista é o Yoga doutrinário, apresentado no texto célebre *Yoga Sutras de Pátañjali.*

Os Yoga Sutras é a única obra literária que define o Yoga?

Não necessariamente. Encontramos outras obras literárias na filosofia do Yoga. Mas os *Yoga Sutras* são outorgados, oficialmente, na literatura sagrada, como a principal obra, pois define o Yoga como um *Dárshana* (ponto de vista) da cultura religiosa hindu. Acredita-se que a elaboração dos três primeiros "capítulos" *(páda)* do *Yoga Sutra* teve sua formulação, aproximadamente, no século V a.e.C., antes mesmo do nascimento do budismo. Já o quarto *páda*, por conta de seu estilo literário, entende-se que foi redigido tardiamente, como um remendo, no século IV d.e.C., com forte influência budista. Os historiadores acabaram convencionando o século III ou IV a.e.C. para a preparação dos *Yoga Sutras*.

A popularidade do Yoga criou uma forte reação dos *brâmanes* de tradição *védica*, que tinham como fonte do seu poder, o conhecimento *(jñana)*. Conhecimento esse que não era partilhado com a população. Por intermédio deles, dos *brâmanes,* é que os rituais poderiam ser realizados para produzir a libertação (*kaivalya ou moksha*). Nesse momento, aparece um tipo de Yoga, praticado por pessoas não "santas", que atribui ao homem comum a responsabilidade de se libertar do sofrimento, *samsara*, e das ilusões, *maya*, sem intermediários. Dessa maneira, mesmo o Yoga *bramânico* já constituído, sistematizado e embasado nos *vedas,* acaba tendo uma considerável diminuição de praticantes fiéis. Os *brâmanes*, portanto, elaboram uma estratégia para tirar a credibilidade do Yoga praticado por homens comuns, que mais à frente, na história, será chamado de *Hatha Yoga*. Só que os *brâmanes* não esperavam que o Yoga popular tivesse o massivo apoio dos *kshatriyas* (a casta guerreira) e os *vaishyas* (casta dos comerciantes e artífices). Essas duas castas *(varna)* são relacionadas ao *kula* (clã), que são de tradição familiar e que foram se estruturando em torno de uma designação conhecida pelo nome *tantra*. São justamente eles que mais tarde se mobilizam para defender o Yoga dos ataques dos *brâmanes*.

Essencialmente, o questionamento levantado contra o Yoga, da forma como foi codificado, se estabelece na prática e defende a *kriyá*, a atividade ou ação mental, por meio de técnicas meditativas, como o correto caminho para o *moksha* ou *kaivalya* (a libertação). Já os *brâmanes* dizem que o caminho para o *moksha* é o *jñána* (conhecimento). Esse conflito origina uma tradição muito peculiar que se conecta diretamente com as *upanishadas* – discursos filosóficos relacionados à religiosidade hindu –, que dão muito valor ao conhecimento *(jñána),* porém, sem esquecer ou negar a prática. Ou seja, as *upanishadas* não desautorizam ou desmerecem a prática do Yoga. Mas como esses textos estão repletos de afirmações em favor do conhecimento *(jñána)* e enaltecem essa relação como algo imprescindível para alcançar *Brahma* (Deus), acabam fortalecendo, literariamente, a argumentação do ponto de vista filosófico em favor dos *brâmanes*.

Em virtude dos conflitos políticos, sociais, filosóficos e comportamentais nas eras em que o Yoga é situado literariamente, o Yoga é, como resultado, representado em outras obras literárias, como o *Bhagavad-Gita, Hatha Yoga Pradipika, Gheranda Samhita, Shiva Samhita* e outras.

E aqui no Brasil, como o Yoga começou?

Encontrei poucas referências bibliográficas ou fidedignas sobre a verdadeira história do Yoga no Brasil, sem a interferência tendenciosa de "estilos" ou grupos específicos. Ainda assim, creio, por mais sincero que seja a iniciativa deste capítulo em seu teor de pesquisa, posso ter errado em deixar de fora importantes nomes na história do Yoga nacional, que por motivos diversos foram pouco conhecidos, não deixando, infelizmente, referências que pudessem ser acessadas no presente com facilidade, precisando obviamente, de um minucioso e profundo trabalho de pesquisa histórica sobre o tema. Todavia registro aqui minha sincera gratidão, devoção e respeito a todos que contribuíram, anonimamente, com a história do Yoga no Brasil.

Sêvánanda Swami, o possível precursor

Podemos registrar oficialmente a introdução do Yoga no Brasil pela ação de um francês chamado Léo Costet de Mascheville, que começou a organizar, em 1947, num regime monástico, o primeiro grupo de estudos de um tipo de Yoga, criado por ele, denominado Sarva Yoga. Esse francês ficou conhecido no Brasil pelo nome iniciático Sêvánanda Swami. Ele utilizava o termo Swami no final do nome, o que indicava que não se tratava de um monge hindu (significado da palavra Swami), mas que usava essa palavra como uma espécie de sobrenome, muitas vezes, confundindo os leigos no assunto. Em geral, esses mesmos leigos se referiam a ele como "Swami" Sêvánanda (um equívoco de tratamento), pois um dos mais importantes Mestres contemporâneos de Yoga, que viveu na mesma época, chamava--se Swami Sivánanda (lê-se Shivaananda). Esse monge era um médico e yogi que fundou um importante ashram (mosteiro) em Rishikeshi, Índia, na fronteira com os Himalayas.

Não temos muitas informações precisas sobre Sêvánanda Swami, ele não fez muita questão de deixar detalhes de sua obra para a posteridade, porém, talvez, seu maior feito como divulgador do Yoga foi a criação de um grupo permanente de Yoga em Lages (SC) quando, em 1953, ganhou um terreno de 12 hectares em Resende (Rio de Janeiro), onde, ajudado por sua esposa, Sadhana, seu discípulo Sarvananda (George Kritikós) e Vayuãnanda (Ovidio

Juan Carlos Trotta) fundou um centro esotérico denominado Amo–Pax, um ashram de Sarva Yoga e um Mosteiro Essênio.

Segundo relatos, Sêvánada Swami era um líder natural bastante carismático, e com ele aprenderam Yoga praticamente todos os professores mais antigos do Brasil.

Esses são alguns dos veteranos que estudaram com Sêvánanda Swami entre as décadas de 1950 e 1960: Zenaide de Castro (Lajes–SC), Dalva Arruda (Florianópolis–SC), Guilherme Wirz (São Paulo – SP), Carlos Totra (Rio de Janeiro – RJ), Georg Kritikós (Belo Horizonte – MG) entre outros.

Mas por algum motivo, no final de sua vida, Sêvánanda Swami deixa de se dedicar ao Yoga e passa a fazer Reiki (técnica japonesa de transição de energia por imposição das mãos). E, infelizmente, Sêvánanda Swami sobreviveu em seus últimos dias como vendedor de seguros, tendo somente uma única discípula ao seu lado até sua morte. Morreu sozinho e empobrecido. Enterrado em Belo Horizonte, Minas Gerais, foi esquecido e, hoje em dia, ninguém se lembra do trabalho missionário e pioneiro que este importante personagem fez pelo Yoga no Brasil. Que fique registrado, neste singelo texto, meu respeito e agradecimento à obra de Sêvánanda Swami.

Caio Miranda, o escritor

Há alguns trechos polêmicos na história deste personagem no Yoga nacional, por exemplo, quem começou a ensinar esta filosofia no país, Sêvánanda ou Caio Miranda? Pelo que pude constatar em registros literários, de obras publicadas no Brasil entre as décadas de 1940, 1950 e 1960, parece-me comum concordar que foi o general do Exército Brasileiro Caio

Miranda quem escreveu o primeiro livro de Yoga, e não o primeiro a ensinar esta filosofia no Brasil. Também foi ele quem começou a ensinar Yoga em academias de ginástica como trabalho profissional. Caio Miranda, pelo que constatamos, não teve um professor ou mestre direto de Yoga, como encontramos nos modelos atuais na maioria das escolas de Yoga no mundo. Ele começou a ensinar Hatha Yoga por volta de 1949 em sua residência, na cidade do Rio de Janeiro, chegou a fundar cerca de vinte institutos ou escolas de Yoga por diversas cidades brasileiras.

Em 1960 publicou a primeira edição do livro "Libertação pelo Yoga"; este livro fez grande sucesso esgotando-se rapidamente das livrarias nas primeiras semanas, superando em número de vendas tudo que havia na produção editorial nacional. Então, a Livraria Freitas Bastos publicou, em 1963, a terceira edição, corrigida e melhorada pelo autor. Esta obra foi divulgada por todo o mundo, sendo traduzida para 12 diferentes idiomas. Com esse "best-seller", Caio Miranda é apontado como uma das maiores autoridades em Yoga no Ocidente.

A publicação do livro *Hatha-Yoga: a Ciência da saúde perfeita* veio estimular à formação de cursos de Yoga no Brasil e na América do Sul. Com a fundação do Instituto de Yoga do Rio de Janeiro.

Caio Miranda teve uma bibliografia bastante diversificada, podemos observar logo a seguir as principais obras que ele publicou:

- *A Libertação pelo Yoga (Raja Yoga); Hatha-Yoga: a ciência da saúde perfeita; Só envelhece quem quer; Assim Ouvi do Mestre; Vence Tua Angústia com Laya-Yoga; O ABC do Yoga; Yogins e Mistificadores; Kundalini: o fogo serpentino; Bhakti-Yoga; Jnana-Yoga; Karma-Yoga; Os problemas do EU; Mundo sem Paixão;* e *Dicionário Enciclopédico de Yoga.*

É interessante perceber que o General Caio Miranda teve sua carreira marcada como escritor e professor de Yoga por cerca de duas décadas apenas, pois em 1969 ele veio a falecer por infarto.

Tanto Sêvánanda Swami quanto Caio Miranda foram, após a morte, seriamente perseguidos e por que não dizer, incompreendidos. É verdade que muito do que fizeram ou publicaram não refletia a verdade do Yoga tal como ela é, porém, contribuiu muito para que essa filosofia prática de vida ganhasse força e expressão em todo o Brasil. E hoje, muito do que podemos acessar na prática do Yoga teve sua inegável origem a partir desses dois importantes personagens na recente história do Yoga no Brasil, que ainda está sendo construída.

Às vezes, é preciso mudar o ponto de vista para enxergar a verdade por detrás das "verdades". Saia da zona de conforto! Que tal, então, pensar, falar e agir diferente? Pode ser uma experiência e tanto.

Qual é o legado mais antigo da humanidade? Por qual motivo lutamos tanto? Certamente é pela liberdade.

2

YOGA À LUZ DA VERDADE

Afinal, o que é o Yoga?

A palavra Yoga pode ser compreendida, de maneira não literal – pois há muitas traduções e significados diferentes para o termo –, como *"adequado"*, *"uso"* ou *"meio"*. Algo como uma ferramenta, que facilita o acesso a uma determinada necessidade ou característica física e/ou mental. A palavra, Yoga, deriva da raiz *yuj*, que significa *"controlar"* ou *"unir"*. Então, a confusão de muitos traduzirem a palavra Yoga como união. Mas para união temos outra palavra sânscrita que é: *samYoga*.

No pensamento hindu, partindo do ponto de vista literário, podemos entender que a ideia central do termo Yoga sugere *"adequação"*. Portanto, entendemos, basicamente, que o Yoga é: *"aquilo que promove o meio para se estabelecer uma vida adequada"*.

Yoga, originalmente, é fruto da cultura sânscrita e é um dos seis pontos de vista do hinduísmo, *Darshana*. Nasceu, provavelmente, a Noroeste da região que hoje chamamos de Índia. Sua proposta original é ajustar os pensamentos, no sentido de diminuir as perturbações mentais *(vriktis)* para que o *yogi* (praticante de Yoga) possa perceber, a partir de uma observação menos distorcida da vida, as coisas cotidianas tais como são, sem a interferência excessiva das ilusões. Com isto, o *yogi,* compenetrado em sua prática, consegue acessar a libertação *(kaivalya ou moksha)* das ilusões e do sofrimento produzido por uma mente desestabilizada.

Dessa maneira, pelo esforço contínuo em seu treinamento, no sentido de acalmar as manifestações perturbadas de sua mente, o *yogi* pode atingir um estado expandido de consciência, de autoconhecimento por excelência, chamado, *Samádhi*. E tendo atingido muita lucidez sobre os fenômenos naturais da vida, centrando as funções da mente em sua natureza mais autêntica *(o Dharma),* o *yogi* consegue acessar a libertação *(kaivalya ou mokdha)* de estados inferiores de existência, aqueles que produzem sofrimento demasiado, não natural, nutridos por uma mente ilusória e que devaneia com muita facilidade. Portanto, basicamente, o princípio do Yoga é: aquietar os pensamentos turbulentos, organizar as funções mentais e produzir contentamento existencial.

O Yoga, enquanto linha de pensamento e comportamento, é algo que facilmente poderíamos entender como filosofia, mas, na verdade, não podemos associar o Yoga com a filosofia dentro, obviamente, da estrutura filosófica clássica, pois a filosofia nasceu na Grécia, embasada num contexto sociopolítico muito peculiar, e o Yoga nasceu na Índia antiga, dentro de um organismo social muito diferente da sociedade grega.

Então, para que você tenha um entendimento mais próximo da tradição Hindu e, com isso, menos contaminação de valores e julgamentos preestabelecidos, sugiro não associar o Yoga a qualquer corrente de pensamento religioso e filosófico clássico ocidental. Pois o Yoga, bastante diferente do classismo filosófico ocidental nasce como um ponto de vista *(dárshana)* do Hinduísmo, e este ponto de vista foi codificado por um antigo sábio, chamado *Patanjali* (cerca de 2. 500 anos). Esse personagem sistematizou a primeira obra literária a tratar o tema Yoga com profundidade e, principalmente, como uma técnica cujo treinamento, levava seu praticante à Iluminação *(Samádhi).*

Patanjali apresenta nos *sutras* (linha de raciocínio) quatro capítulos *(padas)* chamados de *Yogasutras* – o postulado do Yoga. Nesses capítulos, o sábio *Patanjali* expõe numa linha de raciocínio prático e sem interpretações, como galgar o autoconhecimento por meio de técnicas e conceitos de reeducação mental e comportamental. Outras obras são, também, relacionadas ao Yoga, como a *Bhagavad–Gita, Hatha Yoga Pradipika, Shiva Samhita* e algumas *Upanishads.* Todavia os *Sutras de Patanjali* é a obra mais expressiva e, popularmente, aceita pelo hinduísmo como um *Darshana* (ponto de vista do hinduísmo).

Uma das maneiras tradicionais de ensinar o Yoga doutrinário é por meio de oito componentes chamados de *Ashtanga Sádhana* (prática em oito partes) – que é um tanto diferente do *Ashtanga* proposto em muitas escolas de Yoga moderno, atualmente. Na estrutura original do *Ashtanga Sádhana,* temos:

1. *Yama* (normas de convívio com todos os seres);

2. *Nyama* (normas de autoaprimoramento);

3. *Ásana* (assentar-se no *Eu* mais autêntico com firmeza e conforto);

4. *Pránáyáma* (controlar o alento e o movimento do pensamento);

5. *Pratyahara* (recolhimento e controle sensorial);

6. *Dhárana* (concentração e atenção plena);

7. *Dhyána* (meditação e/ou estado de presença intuitiva);

8. *Samádhi* (autoconhecimento e iluminação).

Essas oito partes de uma prática regular de Yoga (tradicional) estão descritas no capítulo II – a prática, dos *Yogasutras*. Mas é importante fixar que o Yoga não é definido apenas por esses oito componentes. A prática *yogi* também é formada por outras técnicas e conceitos que, no conjunto da obra, dão as ferramentas exatas para se estabelecer o Yoga na vida do praticante, de modo a atingir, com essa prática, todos os níveis elevados de consciência.

Podemos, portanto, compreender o Yoga antigo como uma técnica meditativa, de autoconhecimento, por meio de exercícios mentais que estimulam a concentração, a melhora da cognição cerebral e correção da observação dos fenômenos naturais. Também se percebe como excelente técnica para penetrar a própria consciência, a própria mente e, então, desvendá-la.

A outra compreensão do Yoga, na visão moderna, é pela prática de técnicas corporais e respiratórias, nas quais, por meio de exercícios físicos inteligentes, o praticante consegue aprimorar a sua saúde física e, consequentemente, a sua saúde mental – como já estudado e provado pela ciência biomédica. Nesse sentido, a releitura da prática do Yoga como uma técnica de gerenciamento da saúde é, certamente, bem-vinda. Porém, não podemos esquecer a prática tradicional, enquanto meditação, se assim desejamos compreender o Yoga e se queremos dizer e sentir que praticamos Yoga. Caso contrário, o que fazemos é apenas exercício físico, que obviamente é excelente, mas não retrata o cenário autêntico do Yoga ao praticante mais fiel à tradição.

É possível unir a tradição à modernidade, a prática meditativa e a observância dos ensinamentos de Patanjali à prática de exercícios corporais e respiratórios. Essa simbiose entre o antigo e o moderno já foi comprovada cientificamente como algo extremamente funcional, há pouco mais de cem anos, por um monge hindu contemporâneo chamado Swami Kuvalayananda. Esse importante professor, a partir de pesquisas sérias e aceitas por diversas correntes terapêuticas e filosóficas na Índia, desenvolveu técnicas corporais e respiratórias para incrementar a saúde e acelerar o processo de evolução humana. Ele fez uma releitura do Yoga antigo dando um novo formato à prática, porém não excluiu sua estrutura original, apenas sistematizou de uma maneira diferente. Maneira esta que é praticada fortemente hoje na maioria das escolas de Yoga no mundo. Pois, se tudo está em permanente evolução – assim como eu e você –, aprimorando-se constantemente e seguindo o curso natural da vida, não seria diferente com o Yoga. Desse modo, o Yoga pode e deve ser praticado com o enfoque físico, por meio dos exercícios corporais vigorosos e também deve ser desenvolvido com a mente, pela meditação e dos ensinamentos de Patanjali, em conjunto com outras obras suplementares.

Concluo convidando você a desvendar o que existe de mais precioso em sua vida: o autoconhecimento e a libertação! Vamos nessa jornada?

Existe diferença entre os termos Yoga e Ióga?

Para alguns *sanscritistas* (estudiosos da língua sânscrita), tanto faz pronunciar *Yôga* (no masculino) ou *Yóga* (no feminino), pois não há uma convenção gramatical, definitiva, em *devanágari* (alfabeto sânscrito), que decida sobre este tema. Haja vista que a palavra Yoga possui inúmeras traduções diferentes, até mesmo antagônicas em seus significados.

É mais usual, no mundo, pronunciar Yoga como gênero masculino. Por questões que vão desde a cultura de propaganda a convenções gramaticais diversas.

Assim, para tentar, inutilmente, fechar essa polêmica, sugiro um simples pensamento: *não importa como você fale, o que importa é praticar o que você fala!* Então, que tal esticar seu tapetinho e praticar. Acredite, você será muito mais feliz na prática do que na teoria!

Yoga é religião?

Se analisarmos, sem muita profundidade, usando três textos antigos do hinduísmo em que aparece a palavra Yoga como uma técnica, prática e/ou conceito, encontramos fortes referências de que o Yoga, no período antigo, era uma prática religiosa e, ainda o é, para muitos. Citando os textos:

- *Bhagavad–Gita* – o Yoga é explicitamente citado como uma prática devocional – *Bhakti Yoga* – ao deus *Krishna*. Com ritos e elementos religiosos para promover – tendo a fé, a crença, como matéria–prima – uma oportunidade à libertação do sofrimento;

- *Yoga–Sutras de Patanjali* – o Yoga é citado, dentre certas técnicas mentais, conceitos e comportamento, como uma via de entrega a *Ishvara*, Deus. E também, como um caminho de elevação espiritual (*Purusha*). Mesmo não explicitando uma prática devocional, *Bhakti*, encontramos neste texto clássico do hinduísmo, fortes elementos de uma prática religiosa;

- *Hatha Yoga Pradipika* – o Yoga, aparece numa narrativa mítica, na qual o deus *Shiva* ordena uma de suas esposas, *Párvati*, a ensinar o Yoga à humanidade. Nessa obra, encontramos referências de uma prática devocional ao deus *Shiva*, por intermédio, também, de sua esposa, *Párvati*.

Vamos encontrar em outros textos clássicos do hinduísmo, no que se refere à prática do Yoga, outras referências de práticas devocionais e religiosas. Portanto, partindo de um ponto de vista antigo, da prática do Yoga, sim, o Yoga era uma prática religiosa. E provavelmente, observando todo o contexto histórico da Índia, a tradição religiosa que mais se apropriou do Yoga, produzindo uma releitura dessa prática e inúmeros textos que amarram essa ressignificação, foi sem dúvida nenhuma o *Vedantismo*, por influência direta de seu Mestre, *Shankara*. Ainda que similares, em termos de treinamento espiritual, o *Vedanta* e o *Yoga* são práticas e sistemas bem diferentes, pois ambos são *dárshanas* (pontos de vista) diferentes da cultura religiosa do hinduísmo – ou seja, são duas maneiras diferentes, mas não antagônicas, de professar a religiosidade hindu.

Mas hoje, sabidamente, o que encontramos em muitas escolas de Yoga, principalmente no Ocidente, é uma ressignificação moldada para as necessidades contemporâneas, da antiga doutrina yogi para um caminho moderno de gerenciamento da saúde, melhora das funções cognitivas do cérebro, expansão de consciência e, dependendo do contexto, de desenvolvimento espiritual. Sem estar, necessariamente, conectado a um dogma religioso, mas, sim, a uma cultura espiritual.

O que é o Yoga Moderno?

O Yoga moderno é fruto de uma contínua releitura do Yoga antigo enquanto doutrina religiosa, filosófica e espiritualista. Por meio da qual, pela junção de elementos da ginástica marcial indiana e britânica por intermédio de personagens como *Swami Kuvalayananda* e *Krishnamacharya,* há pouco mais de 100 anos, num movimento de resgate da autoestima do povo hindu por conta do jugo britânico, associa-se exercícios corporais de alta performance à prática do Yoga doutrinário.

Entre essas técnicas que influenciam o Yoga moderno, praticado hoje em dia, temos o *Mallakhamb,* uma ginástica militar documentada desde o século XII na região de *Maharashtra.* Dessa linhagem de praticantes de *Vyayama* (uma espécie de ginástica laboral) surgiu um rapaz chamado *Kuvalayananda,* que, à época, foi iniciado nessa ginástica pelo campeão de *Mallakhamb, Paramahamsa Madhavadas Maharaj* (1798–1921). *Kuvalayananda* se especializou em pesquisas científicas sobre Yoga, criando o *Instituto Kayvalyadhama,* em 1924. Nessa mesma época, *Kuvalayananda* voltou da Malásia como médico, o *Dr. Kupuswami,* que conhecemos hoje como *Swami Shivananda Saraswati.* Um ano depois, veio do Tibete, *Krishnamacharya.*

A Índia estava em polvorosa para resgatar seu nacionalismo e sua independência. No ano de 1923, *Sarwakar* escreve o livro: *O que é um hindu?* Apresentando um tipo de hinduísmo radical e, então, cria o conceito de *hindutvam, o hindu dá a vida pelo hinduísmo, o hindu é intolerante ao islamismo, o hindu é contra o cristianismo.* Um discurso que tinha começado com *Dayananda Saraswati* na época da Helena Blavatski, fundadora da Sociedade Teosófica. Justo ele, o primeiro a aniquilar o ódio contra os cristãos e contra os islâmicos, culminou num tipo de seita radical que acabou com a vida de *Mahatma Gandhi* num assassinato cruel em 1948.

Em 1924, quando o *Krishnamacharya* voltou para a Índia e o médico *Kupuswami* estava na mesma região fazendo sua iniciação como *Shivananda, Gandhi* fazia o seu famoso jejum para apaziguar as diferenças entre hindus e muçulmanos. A Índia buscava um caminho de não agressão, *ahinsa,* para sua independência.

Foi nesse cenário que o *Hatha Yoga* procurou se reafirmar como uma disciplina que beneficia a saúde. Assim, *Krishnamacharya,* na década de 1930, começa a criar nomes para as posições e sequências. Então, conta-se que ele psicografou os ensinamentos de um mestre com mais de mil anos de antiguidade, e com a ajuda de *Patabhi Joys* criou o *Yoga kurantha.*

Krishnamacharya não confere a qualquer manuscrito real a oficialidade para fundamentar sua prática, exceto a um manuscrito que, aparentemente, só ele teria visto, chamado *Yogakuranta* ou como ele chamava *"Yogakurunta"* (*"o amaranto amarelo do Yoga"*) e o famoso *"Yoga Rahasya",* que ele atribuiu a um misterioso e lendário sábio chamado *Nathamuni.* No entanto, mais tarde, por questões desconhecidas, admitiu ele mesmo ser o autor e ter escrito a obra sob inspiração desse mesmo sábio, por meio de sonhos.

Todas essas releituras em torno do Yoga foram aceitas com muita facilidade, pois os hindus, desejosos por ocidentalizar-se, viram uma possibilidade muito boa em unir a prática do Yoga a pesquisas científicas que ganhavam notoriedade. Isso chamou a atenção do Ocidente, obviamente, e a prática de *Hatha Yoga* foi popularizada, tornando-se um aprendizado muito rentável no Ocidente, promovendo muitos mestres e escolas.

Com a libertação da Índia em 1947, que foi encabeçada por *Mohandas Karamchand Gandhi (o Mahatma),* a população reacendeu o fervor nacionalista, recuperando, em parte, suas tradições após centenas de anos sob o domínio muçulmano e, depois, britânico.

Esse resgate nacionalista produziu uma grande profusão de entidades, estilos e métodos de Yoga, fazendo parecer que o Yoga seria uma diversidade de tendências culturais diferentes, como realmente acabou se tornando, sugerindo, portanto, a existência de 108 estilos diferentes de Yoga moderno.

O que é a "tal" da Iluminação, Samádhi, proposta pelo Yoga?

Samádhi pode ser compreendido como o resultado de um esforço, de uma disciplina apropriada, de uma prática incessante e/ou aquisição do autoconhecimento por excelência. Esse esforço que leva ao estado expandido de consciência, entendido no Yoga como Samádhi, promove, como desdobramento final, a libertação de estados inferiores da existência humana, como sofrimento mental demasiado, apego excessivo às ilusões, incapacidade de lidar com as emoções, fraquezas adquiridas por uma vida inadequada − regrada por hábitos mentais nocivos e condicionamentos destrutivos, dentre outras vulnerabilidades da mente humana. Mas quando conseguimos praticar apropriadamente esta disciplina, o Yoga, acessamos a sua meta, Samádhi, que, por sua vez, leva−nos ao estágio final da prática, o objetivo, entendido como Kaivalyam ou Moksha, a libertação.

Entenda que Samádhi não é uma faculdade mental possível apenas a quem viva nos mosteiros ou se refugia em cavernas nos Himalaias para meditar o dia inteiro. Claro que não! Samádhi é uma potencialidade da mente humana, de todos os seres humanos. É um recurso mental que qualquer pessoa pode acessar desde que tenha uma certa disciplina e constância na prática do Yoga. É verdade que o estado expandido de consciência, Samádhi, também é acessado por outras tradições meditativas, como o Budismo, por exemplo. São técnicas e escolas diferentes que promovem, de certa maneira, o mesmo resultado.

É uma falácia acreditar, como muitos já me perguntaram, que os orientais meditam melhor que os ocidentais. Não há, no cérebro oriental, diferenças que comprovem isto ou que potencializem os fenômenos da meditação em quem seja de etnia oriental. O fato, sobre este mito que é mais cultural do que funcional, é que os orientais observaram primeiro que ao fazer determinadas técnicas mentais, de controle sensorial, concentração, imaginação e/ou mentalização, produziam estados alterados de consciência que serviam para gerenciar e melhorar os hábitos e condicionamentos mentais. E foram, ao longo da história, aprimorando essas técnicas e, claro, acessaram como resultado, estados elevados de lucidez, compreensão sobre os fenômenos naturais e, principalmente, sobre como adequar a mente humana a uma vida mais leve e equilibrada.

O que é a Libertação preconizada pelo Yoga − o Kaivalyam ou Moksha?

Podemos entender esses dois termos, Kaivalyam ou Moksha, como sinônimos, antes de observá−los como conceitos, pois eles aparecem em alguns textos clássicos do hinduísmo como propostas antagônicas, quando comparados à origem dos termos. Considerando, num primeiro momento, o contexto ao qual esses dois conceitos aparecem, temos de um lado o termo Kaivalyam, influenciado pela corrente filosófica naturalista Sankhya, e, diametralmente oposto, o termo Moksha, influenciado pela corrente filo−

sófica espiritualista Vedanta. Sugerem, ambos os termos, conceitos e ideias similares para o objetivo do Yoga, que é o Recolhimento da atenção ou a Libertação de estados inferiores de existência, explicado detalhadamente nos Yoga Sutras de Patanjali – texto célebre da tradição do Yoga.

Como o Yoga ensinado neste livro tem uma conotação mais naturalista, seguindo e respeitando a tradição de Patanjali, o fundador do Yoga filosófico, vamos nos deter, basicamente, no conceito Kaivalyam – o objetivo do Yoga.

Para que você compreenda a ideia central desse incrível estado de consciência, Kaivalyam, permita-me perguntar-lhe três coisas:

1. *Você gostaria de diminuir as ilusões em sua vida?*

2. *Você gostaria de ter mais lucidez sobre as coisas?*

3. *Você quer acertar mais e errar menos nas escolhas que faz?*

Essas três perguntas podem nos parecer, num primeiro momento, dissertação de autoajuda, mas elas contêm, em sua simplicidade, a possibilidade de nos ajudar a questionar a própria consciência, no sentido de produzir um estado de percepção profundo sobre o que é verdadeiro e falso na vida, para que sejamos, a partir dessa percepção, mais coerentes, éticos e adequados em nossa experiência de vida.

Esse estado de consciência favorece o entendimento das próprias impotências, que nos impedem de sermos mais assertivos em nossas escolhas e, com isso, como resultado ao vencê-las, produzir menos sofrimento para si e para quem está à nossa volta.

Kaivalyam, portanto, é um estado mental profundo de recolhimento da própria atenção, da percepção sobre si mesmo. É sofrer menos interferência dos fatores ilusórios, vindos de fora, do mundo, para dentro da nossa mente. É perceber a vida tal como ela é, sem a interferência excessiva dos devaneios da mente. É olhar o mundo a partir do próprio coração. É conectar-se, profundamente, com as nuances mais sutis da vida, que compõem o todo ao qual pertencemos.

Às vezes, quando estamos tristes, derrotados ou desmotivados, paramos para refletir sobre o porquê desse momento tão infortuno. Percebemos, na adversidade que se fez presente, que a reflexão pode nos ajudar a encontrar uma saída, uma solução, mesmo que parcial, para produzir menos danos colaterais. O autoquestionamento, a reflexão, é um mecanismo natural da mente humana para diminuir os efeitos desastrosos que produzimos em nossas vidas, por escolhas equivocadas ou circunstâncias imprevistas que vieram de fora, independente de nossas escolhas, sem que tivéssemos tanta propriedade ou controle no resultado. Perceba o valor do recolhimento da atenção, da percepção, para prever resultados, para diminuir danos colaterais e, principalmente, para amortizar o sofrimento natural da vida.

Imagine, então, o que seremos capazes de fazer e construir? De evitar e preservar? Se aprendemos a recolher a atenção, a refletir com proprie-dade, a questionar com inteligência e a observar com profundidade. Se acessarmos esse estado expandido de consciência, Kaivalyam, certamente os melhoramentos que poderemos atingir serão intermináveis.

Mas o objetivo do Yoga, Kaivalyam, não funciona sozinho, como uma técnica apartada das demais. Você não consegue desenvolver esse conceito apenas tendo ele como referência principal de sua prática. É preciso estar atento e praticar todos os outros conceitos e técnicas ensinados no Yoga. É preciso desenvolver tudo em perfeita sintonia, ao mesmo tempo. Querer praticar Kaivalyam isoladamente é como querer praticar natação numa piscina sem água – é impossível.

O que é a meditação, dhyana?

Ao contrário do que muitos imaginam, meditação não é a ausência do pensamento, não é se sentar numa determinada postura oriental, fechar os olhos, respirar profundamente e ficar sem pensar em nada. Até porque, do ponto de vista neurológico, não pensar em nada é impossível! Medita-ção, experiencialmente, é um estado de atenção plena que só acontece no presente, no aqui e agora. É um profundo mergulho na própria consciência. É um fenômeno natural produzido na mente humana no sentido de dimi-nuir as perturbações mentais e equalizar as ondas cerebrais. Meditação é, tecnicamente, caracterizada pela capacidade de promover estados expandidos de compreensão sobre a vida e gerenciar as alterações do comportamento mental. Não há meditação quando a mente está perturbada e inquieta. Meditação precisa, antes de mais nada, de quietude. Quietude no corpo, na mente e nas emoções. Somente com a mente tranquila e está-vel, produzimos, pela prática constante, os fenômenos mentais de melhor autoconhecimento, maior lucidez sobre as coisas e coerência na forma como decidimos e julgamos o que pode ser mais assertivo na arte de viver.

No contexto ocidental encontrado nos dicionários, meditação é a capacidade de refletir, parar para pensar, ponderar, deliberar mentalmente. É cessar um pouco a ação cotidiana para pensar sobre escolhas futuras, que se deseja, ou das escolhas passadas e seus resultados. Essa definição de meditação, de certa forma, é verdadeira. Pois meditar, para os orientais, em algumas escolas filosóficas e religiosas, é também exercitar a reflexão e/ou projeção mental.

Para que entendamos a ideia central das diferentes técnicas meditativas, não importa de onde seja a tradição ou escola, se do Oriente ou do Ocidente, se é antiga ou moderna. Essencialmente, toda e qualquer técnica de meditação trabalha com uma de duas matérias–primas mentais, que vou chamar aqui de princípios.

Primeiro princípio: é a meditação do "esvaziamento mental". É a ideia de diminuir a frequência do pensamento, mas não o liquidar — até porque, como já dito, isso é impossível. De aquietar os pensamentos periféricos, aqueles que surgem sem sua vontade e insistem em permanecer ativos em sua mente. Essa técnica é caracterizada por diminuir a presença de pensamentos pertinentes ao passado e ao futuro. Como coisas que aconteceram, projetos que se deseja realizar, circunstâncias que mexeram com você ou que acredita que irão interferir na sua vida, seja para a melhor ou pior. Não importa, a ideia aqui é não pensar nessa linha do tempo, ou, tentar pensar menos nesses cenários que construímos a partir de um ponto de vista vivido ou projetado, que vivenciamos apenas em nossa mente.

Esse tipo de meditação é muito comum nas escolas budistas e é, hoje em dia, a mais praticada no mundo — por conta de um fenômeno histórico que ocorreu na antiga Índia e que estudaremos em outro momento. É chamada de meditação Shunya — a meditação do esvaziamento. (Shunya, em sânscrito, significa esvaziar).

Segundo princípio: é a meditação do "preenchimento mental". Trabalha–se com a imaginação e/ou mentalização como matéria–prima essencial para acessar os estados expandidos de consciência. Basicamente consiste em produzir estímulos mentais que prendam a atenção do meditante em um objeto. Que pode ser símbolos, sons, cenários que envolvam paisagens, circunstâncias ou características que se deseja adquirir, ou a junção de todos esses elementos ou parte deles. A ideia central é imaginar e, pela permanência nessa imaginação, produzir a mentalização.

Talvez você pergunte qual é a diferença, então, entre imaginação e mentalização. Até certo ponto elas podem ser a mesma coisa, pois nascem e mantêm-se na ferramenta, que é a mente. Mas essencialmente, podemos entender a imaginação como a capacidade de produzir imagens mentais, às vezes, aleatórias e soltas por um pequeno período. Como imaginar as férias que se deseja, para onde viajar, melhor local para se hospedar, coisas que gostaria de ver, experimentar e sentir. Já a mentalização é quando reforçamos a capacidade imaginativa e a repetimos sistematicamente, produzindo um clichê mental ou arquétipo, dependendo da técnica utilizada. É quando, portanto, a informação, uma vez imaginada repetidamente, fica registrada e definida em nossa mente, e todas às vezes que nos reportamos a ela, na mente, a imagem está lá, e a cada novo acesso, ela se torna mais evidente e presente em nossa mente.

Essa técnica de meditação, do preenchimento, é mais comum nas escolas de Yoga. Ela recebe o nome de Purna – a meditação do preenchimento mental (Purna, em sânscrito, significa, preencher, incorporar).

Se durante a prática da meditação você disser a si mesmo: "eu estou meditando", significa, apenas, que você não está meditando. Quando meditamos não dizemos que meditamos, apenas estamos lá, num estado de consciência que não cabe teorização ou racionalização da técnica em si, no momento em que ela acontece. A meditação, do ponto de vista yogi, não acontece quando a mente fica tentando entender se você está ou não meditando, se o tempo está ou não passando ou que horas vai chegar a tal "iluminação".

Não se medita querendo meditar! Como assim, então? Durante a prática da meditação, esforce-se para prender sua atenção na técnica utilizada e não nos efeitos que ela sugere. Procure cessar o diálogo mental aleatório. Tente não se deter nos pensamentos fora do contexto da prática, no sentido de não os analisar, considerá-los ou justificá-los. Deixe sua mente, seus pensamentos, fluir somente e dentro da técnica meditativa que você está praticando.

Sobre as técnicas de meditação conduzida, posso afirmar que a meditação só acontece quando cessa o diálogo, ou seja, quando a mente se aquieta e/ou o facilitador ou professor de meditação para de falar – interrompe a condução. A meditação conduzida é apenas um recurso, uma ferramenta para ajudar o praticante a produzir concentração e recolhimento da atenção, mas isso ainda não é a meditação. Então, sozinho e sem a interferência de nenhum fator externo, segue-se praticando a meditação – no silêncio do seu ser.

Veja mais à frente os exercícios de controle sensorial, concentração e meditação que sugerimos a você.

Como saber se eu estou meditando?

Ao meditar, nós não dizemos que estamos meditando, se pensamos isso durante a prática, significa que não estamos dentro do processo meditativo. A meditação não pode ser teorizada durante sua prática, ela não produz a ideia ou confirmação racional, cartesiana, de estar em meditação. A meditação é uma sensação vivida pela experiência da prática no aqui e agora. É um momento único que ocorre pela profundidade, ao qual se penetra a própria consciência, a própria mente, nas sensações do presente. Não há meditação no passado ou futuro. Há apenas meditação no agora, no presente. É um mergulho profundo na experiência do momento. Ao meditar, você não perde a noção do tempo ou adormece. Você percebe, durante e ao término da prática meditativa, uma profunda sensação de paz mental e serenidade emocional.

Qual é a melhor técnica de meditação?

Não existe, acredito, a melhor técnica de meditação e, sim, o melhor e mais compenetrado praticante. Mas é verdade que existem técnicas que produzem melhores efeitos e outras não. O que aconselho é experimentar, no início de sua busca, técnicas diferentes por um período e, depois de um tempo experimentando, eleger a técnica que produziu em você a melhor sensação, a melhor experiência e, certamente, o resultado esperado. O que não é aconselhável é ficar migrando de técnica em técnica, de escola em escola, depois de um tempo considerável de pesquisa e experimentação. Pois a meditação, enquanto técnica, precisa de constância, resiliência e profundidade para produzir os resultados. Mais à frente ensinaremos técnicas diferentes de meditação para você experimentar e, então, esperamos, encontrar a sua técnica de treinamento diário.

Yoga, portanto, é meditação ou exercícios corporais?

A parte física tão divulgada nas escolas de Yoga, hoje em dia, não é tão antiga quanto se imagina. É, na verdade, uma criação moderna que foi adicionada à prática yogi a partir do jugo britânico, na Índia. Em que o modelo de ginástica ocidental foi sendo incorporado nas práticas regulares de Yoga como um movimento ativista e pacífico de reinvindicação à liber- tação da Índia do domínio britânico e, também, para resgatar a autoestima do povo hindu, que estava bem desgastada.

A prática física, portanto, fez-se como uma releitura do Yoga antigo, doutrinário, que era praticado com a mente – como técnica meditativa. E se tornou, na visão contemporânea, uma prática física, um atrativo a mais que conquistou facilmente o grande público. É verdade que os resultados dessa simbiose entre o antigo e o moderno foram surpreendentes. Porém é um equívoco dizer que a prática dos exercícios corporais do Yoga, como os ásanas, na visão contemporânea, seja o que define o Yoga e/ou uma coisa feita há milênios. Isto é algo que começou a ser feito há pouco mais de cem anos.

Os ásanas enquanto técnicas corporais – pois o termo ásana sugere outra coisa na tradição e que falaremos a seguir – constituem uma parte no que seja a prática do Yoga moderno e não o único aspecto ou mais relevante da prática yogi em si. Portanto, em termos de história e tradição oriental, os exercícios corporais no Yoga são bastante recentes.

Quanto ao aspecto original do Yoga, podemos entendê-lo como uma doutrina cuja linhagem de pensamento, passada de geração em geração, há mais de dois mil anos, transmite o meio, a técnica, o uso de uma maneira de pensar, observar e questionar o mundo, no sentido de produzir, pela prática desta técnica, a libertação das ilusões, perturbações e devaneios que contaminam a mente humana.

O Yoga, portanto, pode ser as duas coisas meditação e/ou exercícios feito com o corpo. O interessante, creio, é evitar os extremismos de interpre- tação. É fato, histórico, que o Yoga antigo era e continua sendo meditação. Também é um fato que o Yoga moderno é, basicamente, corporal. Mas também é verdade que ambos os formatos de prática produzem resultados impressionantes. Então, por que não unir a tradição à modernidade se ambas as maneiras de fazer Yoga são preciosas e profundamente transformadoras. Por que não integrar em vez de fragmentar? Por que não somar as duas maneiras e produzir ainda mais resultados? Acredito veementemente no poder dessa simbiose, pois é esta a maneira que praticamos na Escola Dharma, mente e corpo se desenvolvendo mutuamente.

Como integrar o Yoga antigo com o Yoga moderno?

Como descrevi anteriormente, a simbiose entre o antigo e o moderno, entre o Yoga filosófico com o Yoga postural, produz, comprovadamente, efeitos incríveis no gerenciamento da saúde. Tendo em vista o projeto original do Yoga enquanto filosofia espiritualista, é possível acessar os efeitos psíquicos dessa prática, transmitidos desde a antiguidade, desde que a prática física esteja acompanhada por práticas de controle sensorial, concentração e meditação. Dessa maneira, como já estudado e comprovado pela ciência, e vivenciado pela filosofia, pode-se atingir patamares incríveis na prática simbiótica do antigo com o moderno.

Quais são os principais resultados do Yoga moderno?

A prática do Yoga moderno, definida por posições corporais (ásanas), relaxamento profundo (Yoganidrá), controle da respiração e da energia vital (pránáyáma), processos de limpeza (kríyas) e concentração mental (dhárana), cria um corpo flexível e relaxado, promove vitalidade, saúde, e ajuda no processo de cura de doenças físicas. A partir de uma alimentação adequada, basicamente vegetariana, o corpo físico passa por um processo de limpeza, no qual toxinas e impurezas são eliminadas e, ao mesmo tempo, vitaminas e minerais são facilmente assimilados e utilizados pelo sistema orgânico. Na medida em que o corpo e a mente se purificam e o praticante desenvolve o controle de sua mente, este pode, livremente, cultivar o caminho à meta do Yoga, autoconhecimento por excelência e compreensão adequada da vida.

Os ásanas do Yoga não são simples exercícios de ginástica. Até porque a palavra exercício dá uma ideia de movimentos corporais rápidos e, com uma quantidade de tensão e esforço demasiado. Ásana, simplesmente, significa assento, como o assento de uma cadeira. De acordo com Patanjali, sistematizador do Yoga, a definição de ásana, como postura ou posição, significa aquela que deve ser firme e confortável. Portanto uma técnica corporal do Yoga deve ser sempre firme e confortável para que se possa produzir expansão de consciência a partir da consciência corporal. Pois o primeiro nível de consciência que acessamos com a prática do Yoga é a consciência corporal.

Sintomas de envelhecimentos, como rugas ou tez pálida, podem ser causados por uma má circulação do sangue, que fará com que toxinas e outras matérias desnecessárias fiquem armazenadas em várias partes do corpo. Uma vez que a circulação sanguínea melhora, toda essa matéria indesejável é eliminada, fazendo com que o corpo físico se torne mais saudável e pareça, dessa forma, mais jovem.

À medida que os ásanas e pránáyámas são praticados, aumentando a vitalidade do corpo, você perceberá diminuição dos vícios que não fazem bem para o seu corpo e sua mente, como fumar e beber. Muitos praticantes de Yoga já relataram que foi uma grande surpresa para eles, que, inconscientemente, perderam o desejo de fumar e beber. Por essa razão, eu nunca pedi a nenhum de meus alunos que parassem com esses maus hábitos, eu nunca ensinei "Não faça isto", "Não faça aquilo". Agindo dessa forma, as pessoas não vão querer conhecer as maravilhas do Yoga. O exemplo é um bom método de ensino, e a prática tal como ela é, um bom método de aprendizagem.

Não existe melhor tônico para a saúde do que os ásanas do Yoga, e todos vão concordar que nada é possível neste mundo sem uma boa saúde. Saúde é seu direito desde o nascimento, não a doença; força é o seu patrimônio e não a fraqueza; felicidade e não a tristeza; paz e não a perturbação; sabedoria e não a ignorância.

Você pode alcançar e resgatar este direito de nascimento, essa Herança Universal, para brilhar como Yogi completamente desenvolvido, com alegria radiante, com paz e sabedoria em qualquer lugar ou circunstância.

O que é o Hatha Yoga, a principal escola praticada no mundo?

Hatha Yoga, primordialmente, foi um desdobramento do Raja Yoga que, contrariando os Brâhmanes, conquistou identidade própria. Nasceu de um mestre antigo chamado Goraksha Natha como uma contra cultura do Yoga vigente na época. Não deve ser confundido com educação física ou ginástica. Definimos Hatha Yoga como uma técnica de reforço da estrutura biológica do praticante, indicado por uma questão cultural, pelo fato do ser humano precisar se exercitar para não deteriorar seu corpo, não se tornar disforme e não perder a vitalidade.

Hatha Yoga trata-se de um tipo de Yoga psicofísico. Pode ser o estágio preliminar ao interessado em praticar o Yoga nos dias de hoje que deseja melhorar sua condição física e mental. Desenvolve a flexibilidade, a vitalidade, o tônus muscular e a saúde integral. Tem uma proposta descomplicada, sem muita complexidade na filosofia e sem compromissos profundos com os aspectos comportamentais do Yoga enquanto filosofia.

O Hatha Yoga, fisicamente, consiste em técnicas corporais sem cansaço extremo, trabalha com movimentos conscientes, isométricos, sem repetição exaustiva e que atuam prioritariamente em três áreas:

1. Alongamento e flexibilidade: esta compreende o alongamento muscular, resistência dos nervos e a flexibilização das vértebras e articulações. O alongamento, sozinho, não atua diretamente na melhora da saúde, apenas trabalha no âmbito muscular. Contudo se queremos conquistar uma boa saúde muscular e articular, precisamos melhorar, além do alongamento, a resistência dos nervos e aumentar o ângulo de amplitude das articulações.

2. Tônus muscular: visa o aumento de força, a definição da musculatura e o enrijecimento dos tecidos, sem comprometer a flexibilidade.

3. Vitalidade: ao realizar um trabalho continuado e gradual que promove profundas mudanças na vascularização da massa muscular, reforçadas pelo aumento de oxigenação celular e a redução do estresse, o resultado é uma sensação de bem-estar, boa disposição, alegria de viver e incremento na saúde de todos os tecidos e órgãos do corpo.

A partir dessa terceira área, compreende-se o motivo pelo qual o Hatha Yoga tende a atuar em uma larga gama de efeitos corporais, aos quais muita gente atribui conotações terapêuticas.

Yoga não se trata de ginástica. A educação física e os esportes são excelentes dentro dos objetivos a que se propõem, porém, mesmo Hatha Yoga não sendo uma modalidade esportiva, propõe-se ao gerenciamento da saúde, oferecendo mais uma opção para a promoção da qualidade de vida.

Algumas vezes, somos procurados por interessados em praticar nossa técnica e, por uma questão de honestidade, reconhecendo que seus objetivos não serão alcançados com o Hatha Yoga, nós os orientamos a experimentar natação, musculação, dança, artes marciais etc. Tudo é válido, dependendo do que a pessoa precisa ou deseja. Da mesma forma, obviamente, é comum que alguém venha a nossa escola procurando pelos efeitos do Yoga, e esclarecermos que Hatha Yoga satisfará melhor suas expectativas se a busca é por técnicas corporais de gerenciamento da saúde.

O que ensinamos no Yoga?

Tornar o indivíduo forte, íntegro, para que se sinta indispensável, insubstituível, imprescindível, tanto na existência individual como junto a uma força grupal sem se desconectar de suas imperfeições, que precisam, constantemente, ser trabalhadas e superadas, uma a uma. Fazê-lo perceber, enquanto ser humano, que não tem na Terra nada mais importante que o autodespertar, que a capacidade de sentir e ver a Verdade tal como Ela é, pois a presença do Universo está aí para confirmar essa verdade, pois na sua ausência, o Universo deixaria de ser percebido. Assim, ao querer entrar em contato com o Yoga, você deve trazer sempre consigo seus principais atributos: vontade própria (icha), conhecimento interior (jñaña) e capacidade de realizar (kriya).

Aqui não lhe diremos o que fazer, muito menos o que pensar. Somos incentivadores de que o indivíduo pense por si mesmo e que preserve a sua individualidade. Se há uma causa a defender, que seja a sua própria. Sua vida e seus pensamentos são a obra prima de sua criação, e isso foi conquistado por sua própria vontade. Vivemos, comemos e decidimos segundo a nossa vontade interior, e jamais aceitamos, no íntimo, pertencer a uma força grupal que seja feita de vários seres que pensam diferentemente dos valores que nos regem. Só queremos eliminar as manipulações diversas.

Para nós, quanto mais individualismo interior, melhor, porque sabemos que assim a paz será realmente instaurada nos corações dos que, desse modo, pensam e agem. Não se trata de cumprir uma parte do jogo cósmico, e sim de que cada indivíduo escreva sua própria história, deixando de ser coadjuvante do coletivo que se aglutina pela grande causa (a vida e a liberdade), mas também dentro de nossa individualidade, escrevendo, diariamente, nosso diário de bordo, não deixando de pensar com nossa própria cabeça.

Não se trata de querer ser egoísta, pois, se assim fosse, não estaria pensando na vida cósmica, e, para tanto, bastaria conquistar um par de atributos (casa, família, carro, boas roupas, viagens...) e pronto, teríamos conquistado nossa segurança e realização pessoal. Mas o que queremos é nos realizar como indivíduo e ser cósmico, podendo estar dentro de cada ser que nos rodeia para perceber suas individualidades e respeitá-las como a nós mesmos, pois, compreendemos que é o que falta na humanidade para o próximo passo evolutivo.

Queremos, acima de qualquer ideal, que cada pessoa seja a consciência ativa e realizadora de sua individualidade. Como um ser vital para a natureza e jogo cósmico.

A natureza necessita de seres pensantes, de pessoas inteligentes que saibam viver suas vidas com virtude e equilíbrio, que não se deixam violar pelo Estado, pela igreja, pelas múltiplas filosofias, inclusive pelo Yoga. Para nós, tanto a ciência como os ensinamentos dos sábios mestres são importantes, mas não tão importantes quanto nossa própria sabedoria, advinda de dentro do nosso próprio ser. Sejamos livres e não busquemos um mestre, um líder, um mentor, um guia espiritual, pois em nosso interior há uma consciência que não nos deixa perder jamais. Ensinamos para que a vida seja sempre constituída por cada um de nossos alunos e que jamais devem se sentir presos pelo sistema, pois assim, estariam encontrando exatamente o oposto do que buscavam, a liberdade sem restrição. Nosso papel é somente advertir para que não façam isso.

Veja que a espécie humana é prescindível para a natureza, dessa forma, temos que nos associar a ela, convencendo-nos de que somos fortes e capazes de gerenciar a própria vida, tendo a natureza como inspiração para tal. Para saber o que vem a ser isso, cada indivíduo tem que se apresentar como líder de sua própria vida, patrão de seu próprio trabalho, gerente de sua própria tarefa, condutor de seu próprio carro, cozinheiro de seu próprio alimento, amante de seu próprio ser, realizador de seu próprio filme diário e escritor de seu guia para todos os momentos. Sem os alunos não há professor, não há ensinamentos, não há formação, não há Yoga. Assim, temos que é o indivíduo a parte mais importante do Universo. Não estamos preocupados com seu psiquismo, sobretudo, com sua consciência que em nada diverge quando habita em nós.

Se há dependência não há liberdade, e se não há liberdade só podemos contar com o sofrimento.

O melhor a fazer é participar da coletividade, oferecendo ao grupo o que temos desabrochado interiormente para ajudar a recobrar sua personalidade e identidade.

Em resumo, pensamos que qualquer consciência coletiva manipulada por uma ordem central é nociva para os indivíduos que a compõem, e se não preserva a identidade do indivíduo não tem razão para existir. Mesmo a grande consciência *(Ishiwara)* é unitária. A criação de uma consciência coletiva não deixa de ser uma manipulação por parte de pessoas que adoram lograr benefícios próprios.

Como disse o psicanalista Carl Gustav Jung

> *mentiras existem objetivamente numa consciência social. De preferência a igreja (ou qualquer outro grupo), a psique goza de uma situação de equilíbrio (mesmo que seja aparente). Em todo caso existe uma proteção suficientemente eficaz contra a desvalorização do grupo.*

Mas se desaparece o grupo e seu Eros Maternal (energia de vida posta na causa grupal), o indivíduo fica indefeso e a mercê de qualquer consciência coletiva.

Bom, espero que nossa proposta esteja bem clara na cabeça – o indivíduo sempre preservado –, e faremos de tudo para a não existência de uma consciência globalizada, na qual um pensa por todos.

Yoga pode ser classificado como uma forma de ginástica?

Não. Mesmo parecendo ser uma espécie de ginástica pelo fato de se fazer exercícios corporais, o Yoga não é nenhum tipo de ginástica nem modalidade de Educação Física e, sim, uma cultura que envolve vários aspectos do comportamento humano. Uma prática de Yoga compreende técnicas orgânicas, respiratórias, relaxamento, concentração, meditação e outras. Enquanto a Educação Física trabalha, basicamente, com exercícios corporais e esportes.

Yoga é melhor do que a prática de esportes?

De forma alguma! São coisas completamente diferentes. Nem um dos dois é melhor que o outro. Todo aluno de Yoga deveria praticar algum tipo de esporte e todo desportista, acredito, deveria praticar Yoga. São técnicas complementares no gerenciamento da saúde física e mental.

Yoga é terapia?

Também não. Afirmar que Yoga é terapia é o mesmo que afirmar que futebol ou hipismo também é terapia. Algumas pessoas podem praticar futebol como psicoterapia ou hipismo para desenvolver a confiança, mas isso não pode desfigurar a verdadeira natureza desses esportes. O que ocorre, no sentido de produzir esse tipo de crença, são os efeitos colaterais e positivos da prática do Yoga que se percebem, perfeitamente, na área terapêutica e preventiva de algumas doenças. Haja vista que há, atualmente, inúmeras pesquisas sérias nessa área, associando o Yoga a tratamentos terapêuticos. Tanto que temos um desdobramento que pode ser entendido como um estilo de Yoga chamado *Yogaterapia*, professado no Brasil pelo saudoso professor Hermógenes.

Por que os médicos indicam para seus pacientes a prática do Yoga?

Porque sendo o Yoga uma filosofia de vida prática ensina, por exemplo, como promover qualidade de vida. E uma pessoa doente precisa aprender isso. Certamente, como explicado na pergunta anterior, há inúmeros relatos de melhora da saúde de quem pratica Yoga. Portanto é notória a influência dessa prática como técnica complementar e preventiva a tratamentos médicos que, inclusive, é prescrita por muitos profissionais da saúde. Porém é importante salientar que isso é um efeito colateral da prática e não, necessariamente, o motivo da prática.

Por que há tantos livros de Yoga com apelo terapêutico?

Porque os efeitos terapêuticos realmente existem. Mas, o que ocorre atualmente é uma distorção utilitária e consumista. Você sabe por que muitos escrevem livros sobre Yoga abordando seus efeitos? Porque vende mais. E você sabe por que poucos escrevem livros sobre Yoga mesmo, ou seja, sobre técnicas e conceitos do Yoga? Porque não vende tanto assim. Por mais estranho que pareça, é simplesmente isso. Mas avancemos um pouco mais nesse tema. Há inúmeros artigos científicos e pesquisas sérias sendo realizadas no mundo comprovando os efeitos no gerenciamento da saúde por meio das técnicas do Yoga moderno e postural. Muitas escolas de Yoga têm surgido com esse enfoque — terapia e prevenção a doenças.

Mas é importante ter cuidado, pois muitos efeitos associados ao Yoga e divulgados em tantos livros, revistas e mídia em geral são mais mitos do que fatos. Muitos dos efeitos associados à prática yogi não possuem nenhuma comprovação técnica e/ou científica, apenas a vivência daqueles que as professam. Certamente, temos que considerar como válida e notória a vivência dos mestres antigos e contemporâneos que tanto contribuíram e continuam contribuindo para a expansão do Yoga no mundo, mas é crucial o senso crítico e atento cuidado naquilo que expõe a integridade física e mental dos praticantes, que por carência, desespero ou ignorância procuram por esses efeitos milagrosos.

Acredito, verdadeiramente, que há muitos milagres associados ao Yoga. Portanto, aconselho, nesse sentido, visando preservar a sua integridade, buscar uma forma de simbiose entre religião, filosofia e ciência em sua jornada pelo mundo do Yoga.

Quem pode praticar e qual a faixa etária ideal para se fazer Yoga?

Todo mundo pode fazer Yoga. É uma joia que pode ser apreciada por todos! Desde que seja com um profissional competente, o Yoga pode ser praticado por crianças, adolescentes, adultos e pelos que estão na melhor idade. Cada faixa etária tem uma dinâmica diferente de prática e estudos, adaptada à realidade estrutural daquele que se identifica com as benesses da prática.

Yoga produz algum tipo de repressão?

Yoga não reprime e não proíbe nada. Acontece que existem várias divisões no Yoga. Uma delas divide o Yoga em dois grandes grupos: *Tantra* (o mais antigo, de origem dravídica e/ou védica) e *Brahmácharya* (o mais recente, introduzido na Índia pelos colonizadores). O sistema filosófico tântrico parte do princípio do respeito pela liberdade das pessoas. Orienta, mas dentro desse respeito pelo direito de escolha. Na linha tântrica, ninguém é obrigado a nada, come o que quiser e faz da sua sexualidade o que considerar mais adequado. Esse é o tipo de Yoga que adotamos. já o outro sistema, o Brahmácharya, sugere a restrição de uma série de coisas e restringe aspectos da sexualidade.

Por que é que se utiliza incenso (purificador de ambiente) nas práticas de Yoga?

O incenso é utilizado desde a antiguidade na Índia. Primordialmente era usado por andarilhos que, ao chegarem na casa de uma pessoa ou estabelecimento comercial, entravam com um incenso aceso para ofuscar o odor emanado pelo suor, haja vista as altas temperaturas na Índia. Depois, foi sendo incorporado em cerimônias religiosas como um veículo de elevação das preces aos deuses pela fumaça. Hoje em dia, com os estudos na área da aromaterapia, comprovamos que algumas fragrâncias assumem uma característica quase que terapêutica. Estimulando os sentidos, produzindo sensações e fazendo-nos, juntamente a outras técnicas, acessar estados alterados de consciência. Para algumas tradições o incenso é um purificador do ambiente físico e sutil. Muitos incensos são químicos e tóxicos. Raro é o incenso que é produzido com matéria-prima de qualidade, que purifica o ambiente.

De certa maneira, todo incenso é um "pequeno incêndio" para as vias aéreas que, ao menor sinal de fumaça, tendem a assumir o modo de proteção do sistema respiratório, diminuindo a espessura da cavidade nasal. Um incenso, de boa qualidade, pode ser adequado a uma prática de Yoga desde que ninguém seja alérgico. Tanto que eu costumo perguntar na sala de aula, antes de iniciar uma prática, se há alguém alérgico. Havendo, eu não acendo o incenso. É possível, também, usar alguns *réchauds* aromatizantes que produzem o mesmo efeito purificador.

E sobre a alimentação, qual é a recomendação?

A alimentação influencia diretamente na conquista de melhores resultados, naquilo que se propõe a fazer. Cada profissão, por exemplo, deveria ter essa preocupação. Alguém que exerça, diariamente, trabalho físico mais intenso, precisa de uma dieta mais rica em calorias e proteínas. Já alguém que faça trabalho administrativo ou intelectual precisa de uma alimentação mais leve e balanceada em nutrientes. Quanto à alimentação do Yoga, ela deve ser aquela que favoreça acessar a meta e o objetivo da prática – *Samádhi*, o autoconhecimento por excelência e, *Kaivalya*, a libertação de estados inferiores de existência. Acredite, somos essencialmente o que comemos. Portanto o que estamos ingerindo é realmente funcional e saudável?

Qual é, portanto, a alimentação preconizada pelo Yoga?

O sistema alimentar adotado pela maioria dos yogis é o vegetarianismo. Ele, empiricamente, mostrou-se ideal em termos nutricionais e, também, na melhoria do rendimento e desempenho nas técnicas físicas e mentais. Se você não come carne, o que você come, portanto? Frutas, cereais, legumes, massas, raízes, verduras, queijos, iogurtes, pães, salgados, tortas, leite, suflês, empadões, pizzas, sopas, strogonoff com palmito, cogumelo, carne de soja, legumes empanados, à doré ou à milanesa, legumes ao molho branco, gratinados com queijo etc. Existem muitas receitas saborosas e extremamente nutritivas. Procure se informar e conhecer o mundo maravilhoso dos vegetarianos.

Yoga é dinâmico ou parado?

Depende. Temos vários formatos diferentes de treinamento e prática, por exemplo, aulas somente de concentração e meditação, às vezes cânticos devocionais ou ritos religiosos, ou trabalho voluntário. Há muitas maneiras diferentes para fazer Yoga. Mas na maioria das escolas modernas há um forte e vigoroso trabalho físico. Você já viu uma sequência de técnicas corporais usadas, por exemplo, no *Vinyasa Yoga*? Se não viu, quando vir ficará surpreso ao constatar que o Yoga não é nada daquilo que você talvez imagine. Vai ficar apaixonado pela beleza dos movimentos, técnicas e conceitos.

Quais são os benefícios para quem pratica Yoga?

Há uma série de benefícios associados ao Yoga. Por exemplo, a introdução da prática de Yoga nas empresas aumenta consideravelmente o desempenho profissional e, consequentemente, a qualidade dos serviços e os lucros. Nos cargos de confiança, melhora a decisão de comando, reduz os índices de esgotamento, estafa, estresse etc. No pessoal do escritório, ao combater o sedentarismo, eliminou as dores nas costas, problemas na coluna, sonolência prolongada depois do almoço e irritabilidade que atrapalhava, e muito, as relações humanas. E entre os operários, aumentou a produtividade em percentuais elevados. Como há um aumento de oxigenação cerebral, produz-se uma sensação de euforia e dinamismo. Por isso que o Yoga, também, é tão eficaz contra a depressão.

Os profissionais ligados à área fitness procuram o Yoga porque são beneficiados no aumento da resistência, do alongamento muscular, da flexibilidade, na proteção contra distensões, tendo mais concentração e controle emocional.

Os artistas perceberam que a prática regular do Yoga aprimora a sensibilidade e a criatividade. Os estudantes estão interessados no melhor aproveitamento intelectual em menos horas de estudo e no controle mental nas provas.

Como vemos pelos exemplos anteriores, quase ninguém está interessado no Yoga em si, ou seja, na proposta filosófica de autoconhecimento. Sua maioria deseja os benefícios utilitários que constituem apenas uma pequena parcela da prática, que pode ser entendida como efeitos colaterais do Yoga, uma simples consequência de um ótimo trabalho. Mas o Yoga é superlativamente maior, mais importante e mais nobre, pois é, originalmente, uma filosofia prática de vida.

Quais são os efeitos práticos do Yoga?

Os efeitos são simples consequência de exercícios inteligentes e agradáveis. Não se trata de terapia, mesmo tendo esse efeito como resultado. Tais efeitos ocorrem como resultado natural de estarmos exercitando uma filosofia milenar que reeduca o nosso comportamento físico e mental. Se você aprende a respirar melhor, a relaxar e descontrair, desenvolver músculos fortes e flexíveis, a consequência só pode ser a melhoria da saúde e a redução de enfermidades. Yoga é uma cultura, uma maravilhosa e transformadora filosofia de vida. Não pretendemos, obviamente, substituir o profissional de saúde, pelo contrário, aconselhamos a todos a fazerem um exame médico antes de iniciar a prática do Yoga ou de qualquer programa de atividade física.

Quantas vezes por semana se deve praticar Yoga?

O ideal é praticar todos os dias. Quanto mais pratica, melhor fica! Lembre-se que o Yoga não é praticado somente sobre o *mat* (tapetinho de Yoga). Nele você aprende técnicas, treina o autodesafio e como gerenciar a saúde física e mental. Mas é na vida cotidiana que aplicamos os conceitos e ensinamentos milenares que nos torna seres humanos melhores e úteis à vida. Observando e procurando converter esses mesmos ensinamentos aos inúmeros desafios cotidianos.

Quanto tempo por dia deve-se praticar Yoga?

Como respondido na pergunta anterior, a todo momento praticamos, afinal, a vida é o nosso campo de treinamento e autoaprimoramento constante. Porém, na escola, geralmente, as práticas são de uma hora. Em casa, você pode praticar um tempo compatível com o adiantamento que desejar. Mas não use a frase "falta de tempo" como justificativa para não praticar. Todo momento é tempo para ser yogi e viver o Yoga. Praticamos ao caminhar na rua, na fila do banco, sentado à mesa no restaurante, dialogando com os amigos. Praticamos a todo instante. O cotidiano é o nosso treinamento.

É possível praticar Yoga em casa, sem instrutor?

Aconselha-se sempre que busque um professor e não meça esforços para conseguir um bom. Um dos problemas da prática individual em casa é a falta de constância – temos a tendência a desistir quando não somos estimulados pelo grupo ao qual pertencemos. Mas é claro que cada caso é um caso. Talvez você seja bastante disciplinado e consiga praticar sozinho sem problemas. Mas se não for possível, nesse caso, poderá praticar orientado por bons livros, vídeos e outras maneiras de transmissão do conhecimento, e sempre que possível, participe de cursos, workshops, retiros e treinamentos abertos em parques para se aprimorar. Também temos uma plataforma EaD de aulas de Yoga e qualidade de vida justamente para atender a essa demanda, acesse Yogacursos.com e saiba mais. Agora, um dos problemas observados na prática autossuficiente é a questão dos ajustes e correções. Quem irá lhe corrigir caso esteja fazendo errado? Por isso, aconselha-se, somente, a fazer Yoga sem a orientação presencial de um professor se você já for um praticante antigo.

Qual é o objetivo do Yoga?

A meta do Yoga é a expansão da consciência, *Samádhi*, vivenciado como o estado de atenção plena, de presença absoluta no aqui e agora, de vivificação. O objetivo, então, é o desdobramento final desse processo evolutivo, *Kaivalya*, a libertação das ilusões e, portanto, de estados inferiores de existência que produzam sofrimento e dor demasiados – isto, no campo subjetivo da prática espiritualista. Já no campo físico, enquanto técnica corporal, há um aumento considerável da saúde do praticante, fortalecendo seu sistema endócrino, circulatório e nervoso.

O Yoga ajuda a gerenciar o estresse?

Sim. O gerenciamento do estresse é, num primeiro momento, o carro chefe da prática do Yoga postural. Entenda que o estresse em si não é algo tão ruim, sem ele o ser humano seria vulnerável e não conseguiria lutar, trabalhar ou criar com a necessária "agressividade". Ruim é o excesso de estresse ou a falta de controle sobre ele. Estresse é aquele estado produzido por solicitação de alerta, o qual, para ser saudável, deveria ser esporádico. Em excesso, ocorre uma reação em cadeia de efeitos secundários tais como enfarte, pressão alta, enxaqueca, insônia, depressão, nervosismo, queda de produtividade, queda de cabelo, redução da capacidade imunológica, herpes, problemas digestórios, úlcera, gastrite, impotência sexual e muitos outros. Basta reduzir o estresse para reduzir também todos os seus efeitos.

O Yoga praticado hoje em dia é um dos recursos mais eficientes para reduzir o estresse a níveis saudáveis. Tal opinião é publicada numa grande quantidade de livros sérios sobre o assunto e é partilhada por um bom número de médicos que indicam o Yoga aos seus pacientes estressados como apoio terapêutico para uma considerável variedade de problemas. Por essa razão, muitos buscam no Yoga a dose extra de energia e dinamismo de que necessitam e também o controle do estresse. Muitos sentem o efeito do combate ao estresse já na primeira prática de Yoga, quando esta é bem conduzida.

Como o Yoga lida com a depressão?

Algumas vezes a depressão tem razões justificáveis, nesse caso, é perfeitamente normal se, completando seu ciclo, ela se extingue natural-mente sem deixar sequelas e demorando a se repetir.

Se a depressão é muito intensa, muito frequente ou sem razão apa-rente, requer uma atenção especial sob a supervisão de um profissional da área de saúde mental.

O Yoga possui técnicas eficazes no combate à depressão, uma delas é a hiperventilação, que bombeia mais oxigênio para o cérebro. O Yoga utiliza tal técnica há milhares de anos, mas só recentemente a ciência esboçou uma explicação: *é que o aumento de oxigênio cerebral produz uma sensação de euforia, a qual elimina a depressão sem a necessidade de medicamentos.* É claro que cada caso deve ser analisado separadamente. Não se pode generalizar essa frase como uma máxima no tratamento à depressão.

Exercícios respiratórios, aliados a técnicas corporais, técnicas de descontração e meditação, deram a fórmula adequada para o controle e, muitas vezes, o fim da depressão. Mas, também, há casos de depressão profunda que não se aconselha, por exemplo, a meditação, pois esta pode agravar o problema. Primeiro trata-se a depressão profunda com medicação e depois de estabilizar o quadro entra-se com uma técnica complementar e nunca substitutiva à prática do Yoga.

Fazer Yoga ajuda a emagrecer?

Não é o princípio e nem a finalidade da prática. Mas o Yoga atua positivamente na regulação endócrina das glândulas. Consequentemente, alguns praticantes vão perder peso, enquanto outros vão ganhar. É claro que a moderação alimentar é aconselhável para aqueles que buscam perder peso, mas é importante que se entenda que o foco do Yoga não é a perda de peso, para isso, é aconselhável uma prática mais aeróbia. Todavia como ocorre pela constância da prática do Yoga uma adequação das funções orgânicas, a regulação do peso se torna um efeito colateral positivo.

As dores na coluna param com a prática do Yoga?

Em grande média sim. Afinal, com o tipo de vida que levamos hoje em dia, quem é que não desenvolve algum problema de coluna? A razão disso é, indiscutivelmente, a vida sedentária que se tem hoje em dia, aliada aos inúmeros objetos que utilizamos para atividades cotidianas, como as cadeiras das residências, escritórios e automóveis, totalmente contrárias ao gerenciamento da boa postura e favoráveis ao excesso de conforto, muitas vezes. A isso, soma-se o hábito de se sentar mal, com a coluna torta, e o de ficar em pé com má postura; parar numa perna só, sempre a mesma; dormir numa posição só; carregar bolsa e pacotes sempre de um mesmo lado; levantar pesos variados com a coluna mal posicionada; dormir em camas inadequadas e com travesseiro errado para o seu tamanho etc. Mas de todas as causas, a principal é a falta de exercícios saudáveis, e isto é um fato comprovado por diversos profissionais da área de saúde e ciência.

A prática do Yoga tem produzido excelentes resultados para combater problemas posturais, tais como: lordose, cifose e escoliose, bico de papagaio, hérnia de disco e outros mais graves. O Yoga, nesse sentido, consegue atuar como profilaxia ou, então, quando já em estado evoluído, ajuda a atenuar as dores, desde que, nesse caso, sob estrita orientação do ortopedista, pois o Yoga não atua na área curativa, e sim, preventiva.

Por outro lado, há uma grande quantidade de pessoas que sofrem de dores crônicas nas costas, mas cujo problema, na maioria das vezes, não tem nada a ver com a coluna propriamente dita. São dores estritamente musculares, que podem ser eliminadas com exercícios corporais inteligentes do Yoga, que são sempre agradáveis. Além disso, ainda há técnicas de descontração e relaxamento que ajudam a eliminar tensões musculares, sejam elas provenientes de má postura, do cansaço físico ou estresse.

Quais os benefícios do Yoga para a relação sexual?

Os benefícios do Yoga no gerenciamento da saúde são muitos e rapidamente percebidos. Em menos de três meses já se pode sentir uma melhora em vários níveis, tanto físico quanto emocional. Quanto à relação sexual, o Yoga melhora a oxigenação e circulação nos órgãos genitais, por meio de exercícios de abertura pélvica, técnicas respiratórias, contrações musculares nos esfíncteres genitais, beneficiando a circulação e tônus e, consequentemente, a disposição sexual. Adquire-se maior resistência cárdico-vascular. Outro ponto importante é a conexão com o presente, com o aqui e agora, produzindo menos ansiedade a partir de exercícios de concentração, meditação e relaxamento, gerenciando o estresse, favorecendo o estímulo neurológico no sentido de favorecer a potência no ato sexual.

O Yoga pode ser praticado em casal?

Pode e, se o casal assim desejar, deve. O Yoga a dois é transformador na vida sexual do casal. Prática a dois melhora a receptividade afetiva um com o outro, potencializa outras formas de prazer e faz o casal quebrar determinados tabus comportamentais que, muitas vezes, esfria a vida sexual.

Pelo fato de melhorar a flexibilidade, alongamento, tônus e capacidade respiratória, o homem fica mais ativo e funcional, fisicamente. Por exemplo: pode-se praticar posturas diversas sem produzir câimbras ou perda da potência sexual. Melhora a qualidade do ritmo durante o ato sexual, ou seja, o movimento contínuo durante o ato torna-se mais prazeroso e harmonioso.

Quais mudanças físicas e psicológicas o Yoga promove?

Fisicamente, mantendo a constância da prática, constrói-se um novo corpo e, psicologicamente, aprende-se a controlar a mente e suas funções. Portanto, nesse sentido, o Yoga é uma ciência, é uma técnica de reeducação comportamental integral.

Qual a relação do Yoga com o corpo e a mente?

Não há Yoga sem trabalhar a conexão do corpo com a mente por meio das técnicas orgânicas de fortalecimento biológico, e da mente com o corpo pelos exercícios de controle sensorial, concentração e meditação. O Yoga desenvolve o Ser de forma integral, ou seja, corpo, mente e emoções trabalhando em harmonia no sentido de produzir qualidade de vida e expansão da consciência.

O Yoga melhora o alongamento muscular?

Sim. O Yoga é especialista em alongamento. No Yoga não há a ideia de aquecimento para produzir alta performance física. Trabalhamos o corpo frio, o que é mais eficiente e ainda nos garante duas coisas com as quais todo mundo sonha:

a. a proteção contra distensões, minimizando bastante essa possibilidade, mesmo praticando esportes sem o aquecimento prévio;

b. o desportista não sai de forma quando interrompe os treinos. Há uma continuidade dos efeitos por mais tempo. Dependendo do esporte, é possível que o atleta permaneça em forma sem treinar, mas é claro que a ausência de treinamento físico regular irá produzir, em algum momento, retrocesso dos ganhos atingidos com o esporte.

Qual é a diferença entre alongamento e musculação?

As duas técnicas são essenciais para manter os músculos saudáveis. O alongamento favorece o tônus, a mobilidade e a boa circulação, enquanto a musculação favorece o fortalecimento, a proteção dos ossos e a resistência. No entanto musculação sem alongamento compromete a mobilidade e a circulação, e só alongamento sem o fortalecimento da musculatura diminui a resistência muscular e pode produzir lesões nos tendões ou ligamentos. Então, o ideal é combinar as duas técnicas para manter a saúde dos músculos.

O Yoga possui muitas técnicas que desenvolvem a musculatura de uma forma extremamente harmoniosa, conferindo domínio até de músculos considerados involuntários, o que contribui para uma performance superior em cada esporte, dança ou artes marciais e, claro, nos aspectos funcionais do corpo na vida cotidiana. E mais, garante uma notável flexibilidade favorecendo a amplitude articular e alongamento muscular, eliminando tensões localizadas e promovendo o acréscimo de consciência corporal.

Por que a disciplina é importante para fazer Yoga?

O valor da disciplina para a vida é fundamental para os processos de evolução ao qual estamos imersos e não escapamos, mesmo que queiramos. Uma vida sem disciplina, é uma vida com muitas dificuldades, com sofrimento demasiado e nenhuma perspectiva existencial. A disciplina, quando bem direcionada, promove clareza mental, maior assertividade nas escolhas e economia de energia vital. Lembrem-se que energia é um recurso escasso no Universo. Todas as formas de vida procuram economizá-la para que suas vidas sejam vividas com mais plenitude e sentido. Portanto sem disciplina apropriada, perdemos tempo, energia e vitalidade!

Todo trabalho, toda ação, todo movimento é uma incrível oportunidade para treinarmos e aprimorarmos a disciplina como valor existencial. Então, economizemos energia de vida tendo melhor disciplina e constância em nossas tarefas diárias. Procurando, pelo esforço diário, o melhor naquilo que nos propomos fazer. Não desperdicemos tempo, energia, com coisas banais, pequenas e que não acrescentam nenhuma satisfação à própria existência.

Penso em disciplina com uma via de reeducação constante, de esforço diário em direção a um comprometimento que, cada um, identifica em seu próprio coração como fundamental e, por que não, inspirador de vida, em um corpo e mente naturalmente tendenciosos à estagnação e à ilusão. Imagine se nosso coração não tivesse, naturalmente, ritmo e disciplina par manter seu pulsar e, com isso, gerenciar a circulação – a vida em nosso corpo. Então, quando percebemos dificuldades em nosso treinamento, que, acredito, deve ser diário, a disciplina acontece como uma preciosa ferramenta para converter estagnação em movimento. Afinal, tudo está em movimento por conta de uma disciplina universal e atemporal. Nada encontra-se em repouso absoluto e constante.

A disciplina, coerente e equilibrada, é o que anima, em minha visão, o constante movimento, evolutivo e necessário, da mente e o comportamento humano, se nos compreendemos como seres humanos, perseguidores de uma melhora de vida, em todas as esferas de consciência. Há um dito budista que eu aprecio muito: *"Tudo tem começo, meio e fim. Portanto, não deixe rastro!"*.

Quais tipos de Yoga eu posso começar a fazer?

Há diferentes métodos e escolas de Yoga, com propostas bastante distintas entre si. Portanto, antes de escolher qual método você vai fazer, deixe um pouco de lado as tendências de comportamento que lhe são impostas pelo grupo social ao qual pertence. Pesquise, investigue bastante, se proponha a algumas aulas testes para ver se há uma identificação e, principalmente, se o seu corpo e mente respondem bem ao treinamento experimental. Afinal, você exporá sua integridade física, sua saúde. Investirá o seu tempo e dinheiro. Então, escolha com assertividade aquele método que melhor responde às suas expectativas. Mas antes de sair procurando uma escola de Yoga para praticar, consulte seu médico para saber se você está apto à atividade física e/ou precisa de uma atenção personalizada para alguma patologia ou problema de saúde que, porventura, você possua. Veja, a seguir, algumas das principais escolas de Yoga professadas hoje em dia e suas principais técnicas.

Hatha Yoga – o Yoga do bem-estar físico e emocional

Relaciona-se diretamente com o corpo físico, ajudando o indivíduo a desenvolver e aprimorar os aspectos funcionais do seu organismo. Revitalizando e tonificando glândulas, órgãos e sistema nervoso, além de se adquirir flexibilidade e força muscular. A prática do Hatha Yoga baseia-se em *ásanas* (posturas físicas firmes e confortáveis), *pránáyáma* (reeducação respiratória), *kriya* (atividade de limpeza do organismo) e *Yoganidra* (abstração sensorial e relaxamento).

Raja Yoga – o Yoga doutrinário e filosófico

Prática regular dedicada a técnicas de concentração e meditação, que visa atingir pleno controle dos processos abstratos do cérebro, a mente. Divide-se em três grupos principais: *Pratyahara* (técnicas de controle e abstração dos sentidos), *Dhárana* (técnicas de concentração) e *Dhyana* (técnicas e graus de meditação). Há também o estudo aprofundado do texto célebre do Yoga – os *Yogasutras* de *Patanjali*. Este é um sistema filosófico de Yoga e não há exercícios corporais nessa escola.

Bhakti Yoga – o Yoga devocional e religioso

O caminho da devoção. Do serviço desinteressado ao Absoluto. Amor e entrega devocional, pensamentos sempre dirigidos ao Absoluto (ou Deus, Mestre do Coração, Professor Espiritual, ou outro arquétipo identificador). O indivíduo transcende a personalidade limitada e adquire Consciência Cósmica. O caminho do *Bhakti Yoga* pode ser praticado por qualquer um, independentemente de suas crenças, cultura ou posicionamento filosófico. Tudo que se precisa é fé permanente no Absoluto. A existência deste pode ser percebida a partir do corpo emocional sem nenhuma teoria ou especulação. É uma prática de Yoga religiosa. e o principal texto estudado é o *Bhagavad-Gita* (O Canto do Senhor). Nesta prática se faz muitos *kirtans* (cantos) e ritos devocionais à *Krishna*. Krishna é um deus personificado do hinduísmo, a representante das manifestações de Deus Supremo no mundo, segundo a tradição hindu. Krishna também significa verdade absoluta para os hindus. De acordo com os hindus, Krishna é o oitavo avatar de Vishnu, ou seja, é considerado um deus, a Suprema Personalidade.

Nada, Japa ou Mantra Yoga – o Yoga sonoro e reverberante

Nada, em sânscrito, significa som. *Japa Yoga,* por sua vez, é uma parte do Raja Yoga. *Japa* significa introversão, a repetição de som monossilábico (*lam, vam, ram, yam, ham, om*) ou uma entonação numa modulação constante.

Mantra é um som ou expressão sonora com uma métrica de três tons, ou uma estrutura de uma ou mais sílabas que representam o aspecto particular de uma Vibração Absoluta. A repetição mental do mantra, com devida concentração, produz vibrações dentro de todos os sistemas do indivíduo, ajudando a desesclerosar canais e vórtices de energia, melhorando o fluxo da bioenergia e sintonizando-o diretamente com o Universo. É um tipo de Yoga mais musical e sonoro.

Karma Yoga – o Yoga da ação altruísta

É o caminho da ação inegoísta, da atitude altruísta. Servir sem esperar colher os frutos do trabalho. Todas as ações do *Karma* Yogin são exclusivamente dedicadas às leis atemporais do Universo, ao próprio Absoluto, a Deus ou, simplesmente, ao objeto da ação. Com a mente sempre voltada para esse trabalho devocional e inegoísta, o Yogin conecta-se com a liberdade por excelência dessas ações e desenvolve o Amor Universal, a humildade verdadeira, promovendo um jorro de energia do infinito para si. Esse tipo de Yoga é voltado unicamente ao trabalho, à ação efetiva.

Jñaña Yoga – o Yoga do conhecimento

É o Yoga do Conhecimento. O *Jnana* Yogi desperta e utiliza a verdade que já existe dentro dele (*Satya)*, a qual é imutável e mestre de sua existência, para que se consiga atingir a sabedoria suprema e a união com o Absoluto. Esse tipo de Yoga é dedicado à intelectualidade, ao estudo constante dos textos sagrados, à observação profunda dos fenômenos naturais e ao aprimoramento da inteligência.

Ashtanga e Vinyasa Yoga – o Yoga da alta performance física

É a corrente mais recente de Yoga. Trabalha com movimentos vigorosos em sequências desencadeantes. Promove grande energia e consciência corporal. É um tipo de Yoga que requer muito cuidado e atenção redobrada durante o treinamento, pois seus praticantes costumam se lesionar seriamente pela severidade dos exercícios quando não atentos às regras de execução das técnicas. Para muitos, é considerado o Yoga Extremo. É um estilo de alta performance e esteticamente bastante atraente. A palavra *Ashanta* sugere prática em oito partes – fazendo alusão aos oito componentes do Yoga doutrinário de Patanjali (sistematizador do Yoga). E a palavra *Vinyasa*, pode ser traduzida, literalmente, como prateleira – ou seja, aquilo que serve par ser visto. Portanto é um Yoga para ser exibido, demonstrado, com um sentimento muito próximo àquele potencializado pelo bailarino ao demonstrar sua arte, esperando encantar tanto quanto se sente encantado em dançar.

Então, como é o Yoga praticado nas escolas hoje em dia?

O Yoga moderno, desenvolvido na maioria das escolas, é compreendido em técnicas de controle da respiração e da energia vital *(pránáyáma)*, processos de limpeza *(kriyas),* posições e exercícios orgânicos *(ásanas),* relaxamento profundo *(Yoganidra)* e concentração *(dharana).* Essa compreensão cria um corpo flexível e relaxado, vitalidade, saúde e ajuda no processo de cura de doenças físicas. Por meio de uma alimentação adequada, o corpo físico passa por um processo de limpeza no qual toxinas e impurezas são eliminadas e, ao mesmo tempo, vitaminas e minerais são facilmente assimilados e utilizados pelo sistema. À medida que o corpo e a mente se purificam e o praticante desenvolve o controle dela, ele então pode se enveredar no caminho para atingir as metas do Yoga: autoconhecimento, realização e compreensão.

Os *ásanas* do Yoga não são apenas exercícios. A palavra exercício dá uma ideia de uma prática feita com movimentos rápidos e uma quantidade de tensão e esforço envolvidos. *"Ásana",* simplesmente, pode sugerir postura. De acordo com *Maharishi Patanjali Bhagavan,* a definição de postura ou posição significa: aquela firme e confortável.

Diante de tantas correntes diferentes no Yoga, qual é a proposta comum a todas elas?

O Yoga norteia-se pelo reencontro da vida, na verdade, do coração de cada ser, o *Dharma.* E com esse propósito, busca transferir da mente, da vida e do corpo para uma consciência maior e conectada com o Universo, as raízes de tudo o que somos e fazemos. O destino do homem é treinar, evoluir, contudo, naturalmente, nem todos irão evoluir ao mesmo tempo, mas ainda assim o irão.

Um primeiro passo para a ampliação da consciência é superar as vulnerabilidades do corpo e da mente, e deixar emergir o poder absoluto que está dentro de nosso coração, a verdade existencial – o *Dharma*.

O segundo passo é o esforço constante de ascensão a níveis sagrados de consciência, com ações cada vez mais sintonizadas aos aspectos elevados da vida. É treinar sem esmorecer, é manter a constância na prática física e espiritual para promover a expansão da consciência.

Vem, então, o terceiro movimento, o retorno à consciência mais perfeita e primeira, juntamente à compreensão da Verdade tal como ela é. Encontrando o Verdadeiro Sagrado naquilo que confere sentido à própria existência. É uma proposta de reeducação integral e dinâmica para manter o autoaprimoramento e a evolução a níveis extraordinários.

Esta visão do ser humano em evolução advém dos ensinamentos do Yoga praticado por muitas escolas, os quais representam uma crítica e síntese moderna aos tradicionais sistemas de Yoga da Índia antiga. Dessa forma, o Yoga moderno representa o esforço de superar as inaptidões diversas e equilibrar o conhecimento da realidade e da percepção da natureza manifesta e não manifesta, por meio de técnicas e conceitos do Yoga e de ações que trazem a mente "iluminada" para os domínios da natureza perceptível. Que se expressa no uso transmutado e construtivo de forças materiais, como saúde, trabalho, posição social, entre outras, visando a fins superiores da unidade e dos progressos humanos.

Assim praticando, o Yoga moderno leva consigo a meta de um conhecimento de vários aspectos do ser, com a intenção de expandir a consciência material, mental e sutil como parte do processo de transformação e aprimoramento da humanidade na transcendência de valores derivados da ignorância natural em que vivemos.

O Despertar, a Paz que tanto perseguimos, pode estar em todos os lugares. Desde que nesses lugares esteja desperto o nosso Dharma, atuante e convicto, em presença absoluta.

YAMAS E NIYAMAS –
O CÓDIGO DE ÉTICA YOGI

O Yoga possui um código de ética?

Sim, é um conjunto de 10 preceitos chamados de Yamas e Niyamas. Esse código de ética está presente no capítulo II, Sádhana Pada, dos Yogasutras de Patanjali. Eles formam os dois primeiros componentes de um conjunto de oito do Ashtanga Yoga de Patanjali.

Yamas – O relacionamento com a humanidade e com a natureza

I. Ahimsá

A primeira norma ética do Yoga é *ahimsá*, a não agressão ou a não violência. O preceito sugere, como via a uma cultura de paz, que não sejamos violentos em nossos pensamentos, palavras e ações, que não pratiquemos a violência contra outros seres humanos, animais e natureza, tampouco permitamos que se pratique uma agressão. Derramar o sangue dos animais ou infringir lhes sofrimento para se alimentar de suas carnes, quando há a possibilidade de não o fazer, constitui barbárie indigna de um ser humano. Ouvir uma acusação injusta ou difamação e não advogar em defesa do acusado indefeso, por ausência, constitui confissão de conivência. Mais grave, segundo a tradição, é a agressão por palavras, atitudes ou pensamentos cometidos contra um outro praticante de Yoga. Ainda mais grave é dirigir tal conduta contra um professor de Yoga. Assim, também, condenável seria, se um comportamento hostil fosse praticado por um professor contra um de seus pares.

A observância de *ahimsá* não deve induzir à passividade ou subserviência. O yogi não deve ter um comportamento passivo, sem uma atitude reta em defesa do que é certo, mesmo que todos estejam agindo errado. Deve cumprir veementemente seus deveres, defender os seus direitos e, principalmente, aquilo em que acredita. A violência deve ser evitada, sempre! Como dizia o sábio Confúcio: *"Um homem violento morrerá de morte violenta."*.

II. Satya

A segunda norma ética do Yoga é *satya*, a verdade ou a veracidade.

O yogi não deve praticar a mentira, nem que às vezes pareça a coisa certa a fazer, justamente para não criar um hábito nocivo, seja ela promovida pelo equívoco ou distorção na interpretação de um fato. Assim como pela omissão diante de uma dessas duas circunstâncias. Consequentemente, com tantas *fake-news* circulando, ouvir boatos e permitir que sejam divulgados tendo a chance de professar a verdade é tão grave quanto passá-los adiante. O boato mais grave, acredite, é aquele que foi gerado com "boa-fé", por falta de atenção ao episódio propriamente dito, já que uma inverdade dita sem más intenções parece ter mais credibilidade que o fato em si. Emitir comentários soltos, desconexos da verdade, sobre fatos ou pessoas, expressa inobservância à norma ética. Praticar ou transmitir uma versão inautêntica de Yoga constitui exercício da inverdade. Exercer o ofício de instrutor de Yoga sem ter estudado e praticado por um longo período ou sem a autorização do seu mestre constitui ato ilegítimo. A observância de *satya* não deve induzir à falta de sensibilidade, cuidado ou de compaixão sob o pretexto de ter que dizer sempre a verdade. Há muitas formas de expressar a verdade sem se tornar um hipócrita puritanista.

III. Astêya

A terceira norma ética do Yoga é *astêya*, não roubar e não furtar.

O yogi não deve se apropriar de objetos, ideias, créditos ou méritos que sejam de outros. Não se deve prometer efeitos que o Yoga não pode proporcionar, bem como professar benefícios exagerados, irreais ou curas milagrosas de qualquer natureza. O Yoga não atua com promessas. O verbo praticado em nossa linhagem é o Ser e não o Crer. Um professor de Yoga não deve furtar alunos de outro professor ou escola. Isto é uma falta grave! Também, torna-se antiético um professor instalar-se para dar aulas nas proximidades de outro profissional da mesma linha de trabalho sem consultá-lo previamente. Pode-se aplicar este preceito a qualquer outra área profissional. Não furte o tempo das pessoas com assuntos inúteis e que não acrescente nada ao indivíduo ou coletivo. Não roube, inclusive, o tempo que as pessoas depositam em você para que cumpra uma tarefa. Seja veloz e objetivo e não apressado e impreciso. Isso, certamente, produzirá benéficos resultados. A observância de *astêya* não deve induzir à negação da prosperidade quando ela pode produzir uma melhor qualidade de vida para o indivíduo e sua família.

IV. Brahmácharya

A quarta norma ética do Yoga é *brahmácharya,* a não materialidade e/ou o controle da sexualidade. Essa norma, originalmente, recomendava total abstinência sexual aos adeptos do Yoga bramânico, e, também, a observância numa vida espiritualmente regrada, sem excessos na prática dos desejos. O preceito não obriga o celibato e nem a abstinência sexual por longos períodos para os yogis que seguem a linha tântrica do *Hatha Yoga.* É a busca pelo equilíbrio das forças que regem a vida humana sem entrega aos extremos. A sexualidade, como essencial energia gerenciadora da vida deve ser praticada com ética, respeito e sacralidade. Assim como a espiritualidade deve ser cultivada nos pensamentos, palavras e ações cotidianas com aquilo que se considera sagrado. Pois o sagrado, nesse contexto, é o que confere sentido existencial. Portanto viva de forma sacralizada. A observância de *brahmácharya* não deve induzir ao moralismo pejorativo, ao puritanismo, nem ao distanciamento ou à falta de afeto entre as pessoas. Somente somos seres humanos por excelência convivendo com outros seres humanos.

V. Aparigraha

A quinta norma ética do Yoga é *aparigraha*, a não cobiça ou a não possessividade. O yogi não deve se apegar aos seus bens materiais e, muito menos, aos dos demais. Muitos dos que se "desapegam" estão apegados ao desejo de se desapegar. Por exemplo, alguém diz: "agora sou minimalista! Desapeguei-me de tudo, dos excessos do consumo desenfreado...", mas o indivíduo "desapegado" mora num loft luxuoso e em sua grande sala, com quase "nada", tem um sofá caríssimo feito por um *designer* famoso e um *Renoir* na parede. O verdadeiro desapego é a capacidade de usufruir um bem material sem que o bem controle você. E quando esse bem deixa de existir, você não se importa, pois não se apegou. O objeto existe para servir você e não o contrário. Agora, o maior de todos os desapegos é aquele que renuncia à posse das pessoas e, principalmente, cônjuges. Os ciúmes e a inveja são manifestações que nascem do desejo desenfreado de possuir, literalmente, as pessoas, os objetos ou conquistas alheias. A observância de *aparigraha* não deve induzir a um desapego nocivo como, por exemplo, o abandono de pessoas ou trabalho, ou à displicência pela confiança a nós depositada e nem o descaso com as pessoas que amamos.

Niyamas – o autoaprimoramento físico, mental e espiritual

VI. Sauchan

A sexta norma ética do Yoga é *sauchan,* a limpeza, a purificação.

O yogi deve manter seu corpo, mente e emoções limpos. O banho diário, a higiene bucal e outras formas cotidianas de limpeza não são sufi- cientes para observar esse preceito. Claro que tais procedimentos fazem parte desse contexto. Mas se tratando do corpo, biologicamente falando, é necessário realizar a purificação dos órgãos internos e das mucosas por meio das técnicas do Yoga chamadas de *Kriyas* ou *Shatkarma*. Assim como, de pouco vale limpar o corpo integralmente se o indivíduo ingere alimentos inadequados com elevadas taxas de toxinas. Da mesma forma, pede-se ao yogi que não faça uso de substâncias tóxicas, que gerem dependência ou que alterem o estado da consciência, ainda que tais substâncias sejam naturais. Só a higiene física não cumpre o preceito *sauchan*. Para tanto, o praticante deve esforçar-se para manter a constância em seu processo de higienização física, mental e emocional. Ou seja, cuidar de seus pensamen- tos, palavras e ações. Não alimente pensamentos densos, pesados, nocivos à tranquilidade mental. Não pratique palavras de baixo calão, ofensivas e destrutivas. Não promova ações que contaminem o seu corpo, o lugar onde vive e a natureza. Renove-se a todo instante. A observância de *sauchan* não deve induzir à intolerância contra aqueles que não compreendem ou aceitam a higiene como algo tão abrangente, tampouco perseguir o contraditório por suas diferenças.

VII. Santôsha

A sétima norma ética do Yoga é *santôsha*, o contentamento, a alegria.

O Yogin deve cultivar a arte de promover contentamento em todas as circunstâncias. O contentamento e seu oposto, o descontentamento, surgem e se desenvolvem no indivíduo devido à existência desses sentimentos no âmago da personalidade. O contentamento é a capacidade de sentir alegria nas coisas cotidianas. Não há contentamento em projeções futuras ou memórias antigas. Este sentimento é somente extraído de circunstâncias atuais, no aqui e agora.

O yogi deve praticar o contentamento em relação aos seus pares e expressar isso por meio do apoio recíproco e solidariedade. Discípulo é aquele que segue as orientações, com contentamento e alegria, do mestre que escolheu seguir. A observância de *santôsha* não deve induzir à estagnação ou inércia daqueles que usam o pretexto deste preceito para não manter o autoaprimoramento.

VIII. Tapas

A oitava norma ética do Yoga é *tapas*, a autossuperação, o esforço constante. O yogi deve manter constante esforço sobre seu treinamento ao autodesenvolvimento, pois a vida é uma prática constante e oportunidade única à reeducação integral do Ser.

Esse esforço de autossuperação consiste numa atenção constante em fazer o seu melhor com as condições que possui. A prática da humildade e o da polidez constituem demonstração de *tapas*. Manter a disciplina da prática incessante de Yoga é uma manifestação deste preceito. Cuidar e manter uma alimentação saudável faz parte do esforço e autossuperação. Controlar a espontaneidade de professar comentários nocivos sobre terceiros é compreender o esforço em não praticar a detratação, portanto, *tapas*. A seriedade para com a linhagem que pratica, bem como, não mesclar com o Yoga propostas ou possibilidades que o seu Mestre desaconselha é obedecer a esse preceito. A severidade em manter a lealdade ao seu Mestre constitui a mais nobre expressão deste importante preceito. *Tapas* é, ainda, a disciplina inquebrável que regula o cumprimento das demais normas éticas. A observância de *tapas* não deve induzir ao extremismo, fanatismo tão pouco à repressão e, muito menos, a qualquer tipo de perseguição ao contraditório.

IX. Swádhyáya

A nona norma ética do Yoga é *swádhyáya,* o autoestudo, a introversão da inteligência. O yogi deve buscar o autoconhecimento a partir do aprendizado e estudos de si mesmo. É a capacidade de investigar com profundidade o funcionamento de sua mente. Identificar vulnerabilidades e encontrar ferramentas para superá-las. É o olhar investigativo da própria consciência e, a partir desse olhar, produzir o conhecimento mais autêntico que liberta o indivíduo das imperfeições e ilusões. Esse autoestudo, também, pode ser praticado por meio das técnicas de controle sensorial, concentração e meditação. Esse preceito pode ser auxiliado pela leitura e estudos de obras indicadas pelo seu orientador. A convivência com o mestre é, superlativamente, o maior estímulo ao *swádhyáya*. O autoestudo deve ser praticado em alinhamento com a sociabilidade e suas problemáticas, no cultivo do círculo de amizades e pela busca por soluções de problemas coletivos.

A observância de *swádhyáya* não deve induzir ao isolamento do mundo e nem à adoção de comportamentos estranhos e desconexos da ordem social.

X. Íshwara panidhána

A décima norma ética do Yoga é *íshwara pranidhána,* a entrega devocional ao Senhor do Universo ou, para as linhas naturalistas, a auto entrega. O yogi deve cultivar uma devoção sincera à Consciência Primeira, ao Princípio de Tudo que existe. E mesmo não compreendendo com profundidade esta Consciência, este Princípio, pois isso seria impossível, haja vista a condição limitada que vivemos, o yogi busca sentir, no âmago do seu ser, a presença de uma força inexplicável e superior à sua individualidade e condição mortal de existência. Essa devoção é, basicamente, o respeito às leis naturais, à busca pelos saberes interiores e mais profundos e à observância das obras naturais que nos cercam. Manter o coração conectado com aquilo que confere sentido à sua existência, encontrar o sagrado em todos os seres.

Promover interiormente uma atitude de segurança e confiança, confiar que a vida segue o seu curso natural e que todo esforço para a autossuperação deve ser conquistado sem tensões ou ansiedade demasiada.

Quando a consciência está pacificada e convencida de ter tentado de tudo e, ainda assim, não se conseguiu o resultado desejado ou preciso, esse é o momento de entregar a intenção das suas ações a uma vontade superior à sua, cujos desígnios muitas vezes são incompreensíveis. A observância de *íshwara pranidhána* não deve induzir ao vitimismo, à displicência ou à culpabilidade de terceiros pelo fracasso vivido. Se somos parte de algo infinitamente sagrado e superior à nossa insignificância, que possamos, então, sentirmo-nos superiores ao nosso antigo eu e profundamente envolvidos por uma vida sacralizada.

Qual a motivação que obtemos ao observarmos a ética do Yoga?

O Código de Ética do Yoga nos convida a uma vida com menos problemas e falta de significados, permite-nos uma possibilidade amorosa e tolerante de se relacionar com outros seres, que são, verdadeiramente, pérolas que enriquecem a vida como um todo. Esse Código não deve ser o causador de desunião, rupturas nocivas e práticas contrárias às sugeridas aqui, também não deve ser usado para fins inescrupulosos, tais como patrulhamento ideológico, discriminação de qualquer natureza ou manipulação psicológica. E àqueles que não compreendem a importância singular destes preceitos comuns, inclusive, a quase todas as tradições religiosas, espiritualistas e filosóficas do mundo, não devem ser punidos ou perseguidos, pois a eles bastará a desventura de não usufruir do privilégio de vivenciar tais preceitos.

Vrishkásana – a postura do escorpião

O que nos define como seres humanos, essencialmente, é a constância da prática de dois poderes: Reflexão e Gratidão.

4

MUDRÁ E PÚJÁ – OS GESTOS E A PRÁTICA DA GRATIDÃO

O que são as Mudrás no Yoga?

Mudrā (literalmente significa "selo, senha ou assinatura") é um termo sânscrito que tem diversas conotações práticas e conceituais. É usado no Yoga, no budismo e na dança indiana.

As *mudrás* (gênero feminino) como gestos usuais no cotidiano, são quase que incontáveis e se incorporam ao folclore e ao inconsciente coletivo de diversas civilizações. Também são usadas em algumas artes marciais.

No Yoga, as *mudrás* atuam como selos ou assinatura, tanto na condição da apresentação de uma linguagem gestual como em técnicas meditativas. Elas são praticadas dentro de um contexto simbólico, reflexológico ou magnético. Pode ser feita com as mãos ou com o corpo – como vemos em algumas linhagens de Yoga contemporâneo.

Em nossa escola, as *mudrás* são sempre feitas com as mãos, na prática de exercícios de concentração, meditação e junto com os *ásanas* – exercícios de reforço da estrutura biológica.

Quais são as *Mudrás* mais usadas no Yoga?

Shiva mudrá   Jnana mudrá   Anjali mudrá

Anjali Mudrá é um gesto usado para aberturas e fechamentos de práticas de Yoga. Representa a não dualidade, a não combatividade. Esse gesto, originalmente, veio das artes marciais, nas quais um guerreiro ao se aproximar de outro, sem a intenção de lutar, o fazia com as mãos unidas, mostrando que não empunhava uma espada ou outra arma qualquer. Ou seja, era um gesto de paz e que, posteriormente, foi adotado por culturas religiosas de todo o mundo como um gesto de passividade, devoção e entrega. Afinal, diante de um altar, não queremos lutar com Deus e, portanto, colocamo-nos numa condição de submissão e obediência. O gesto também é usado, na Índia, no dia a dia como uma saudação corriqueira e em cerimônias culturais e religiosas.

Jnana Mudrá é o gesto do conhecimento que nos remete ao aprendizado interior, ao despertar da sabedoria mais íntima que repousa, simbolicamente, em nosso coração. A mudrá tem um simbolismo bastante expressivo dentro do panteão Hindu. Os três dedos estendidos representam a Trimurti (três deuses) do hinduismo: Brahma, Vishnu e Shiva, e o círculo feito com o dedo indicador e o polegar representa a perfeição, ou o princípio de tudo – a sílaba OM. Esse gesto é utilizado em cerimônias hindus e, dentro do Yoga, na prática da meditação, que, basicamente, foca a atenção na pulsação cardíaca percebida nas extremidades dos dedos indicador e polegar, unidos levemente. Isso favorece o estado de introjeção que tende a produzir a concentração necessária às práticas meditativas.

Shiva Mudrá é o gesto do deus Shiva, o mais imponente e vigoroso dos deuses do panteão hindu. Ao assumir esse gesto em meditação, o yogi deve incorporar uma atitude de imponência, combatividade e capacidade de realização. Não há, na expressão simbólica desse gesto, a possibilidade de derrota, fracasso ou impotência. É um gesto que, miticamente, remete o meditante às características de Shiva, enquanto guerreiro invencível. As mãos em forma de concha, sendo a mão esquerda embaixo e a mão direita em cima, são diferentes do gesto budista de meditação no qual a mão direita está sob a esquerda com os polegares levemente unidos. Muitos confundem os dois gestos e, obviamente, produzem sensações diferentes na meditação, pois ambos os gestos possuem características bastante diferentes. Shiva Mudrá é um gesto de receptividade, cujas mãos representam, também, o cálice do conhecimento celestial.

O que é o *Pújá* na prática do Yoga?

Pújá em Sânscrito e Pali (idiomas antigos da Índia) sugere: honra, respeito, devoção religiosa, adoração e/ou gratidão. O *pújá* é uma antiga prática hindu em que o sentimento de gratidão é expressado antes de se receber alguma coisa, para que se produza a virtude do merecimento e, então, como recompensa, o conhecimento. O *pújá* também é muito praticado como uma oferta, uma prece, uma oferenda a determinadas deidades ou divindades hindus, assim como Buda. Na prática do Yoga, o *pújá* aparece como a prática do verdadeiro sentimento de gratidão, que sempre vem antes de qualquer possível recompensa. Um *pújá* é sempre ofertado ao seu superior hierárquico, como ao pai ou à mãe, aos avós, aos professores e mestres, a pessoas mais velhas ou mais experientes que você, nunca a pessoas mais jovens, como filhos ou alunos, àqueles que dependem diretamente de sua presença no mundo.

O *pújá* é uma prática que valoriza a hierarquia como gerenciadora do equilíbrio entre os grupos sociais e o profundo respeito àqueles que aces—saram o conhecimento antes de você. Também, é por meio dessa prática que estabelecemos uma sincera conexão com os arquétipos do Yoga e com os nossos professores e mestres, de ontem, de hoje e de amanhã. Pois, como crença, somente a partir de uma conexão verdadeira entre Mestre-Discípulo o conhecimento pode ser compartilhado e acessado pelo coração do aprendiz. A não prática do *pújá* cessa essa comunicação e, portanto, o aprendizado mais autêntico não se manifesta – a continuidade de uma linhagem de comportamento e conhecimento é interrompida.

Você pode experimentar fazer uma prática de Yoga com *pújá* e outra sem o *pújá*. Você irá, muito provavelmente, perceber que uma prática desenvolvida, tendo o *pújá* na abertura dela, faz com que sua prática seja muito melhor e produtiva. Ao contrário de uma prática sem *pújá,* na qual não se percebe uma profundidade ou sensação de contentamento nas técnicas e ensinamentos.

Outra manifestação usual do *pújá,* que pode ser utilizada numa prática regular de Yoga, é o trâmite de consciência entre três níveis de agradecimento prévio e sincero. Mentalize feixes de luz emanando a partir do seu coração, mãos e cabeça em direção ao mestre primeiro de sua linhagem de Yoga, depois em direção ao seu professor que conduz a prática ou que lhe ensinou no passado e, então, ao local da prática (envolvendo os objetos do aposento, as paredes e tudo que nele está). Esta tríplice expressão do sentimento de gratidão irá produzir, mental e emocionalmente, uma profunda e genuína conexão com a prática do Yoga mais autêntico – o Yoga que lhe toca e transforma o coração.

Qual o tipo de *pújá* que adotamos no Yoga da Escola Dharma?

Prática

Sente-se em qualquer posição estável e agradável (*ásana*). Una as mãos, palma com palma, na frente do coração – mãos em prece (*anjali hasta mudrá),* feche os olhos e aquiete o corpo e a mente pela atenção, por um breve momento, na respiração consciente. Depois de produzir e sentir, mental e fisicamente, um estado de quietude e descontração, vocalize continuamente a sílaba *OM*, três vezes, mentalizando um ponto luminoso entre as sobrancelhas – como se houvesse um pequeno sol brilhante no logo frontal cerebral. O *Prãnava* (sílaba) OM, neste momento, é, ao mesmo tempo, uma evocação e oferenda. Sendo a primeira vocalização ofertada a *Brahma* – O Criador do Universo; a segunda vocalização ofertada a *Vishnu* – O Gerenciador do Universo; e a terceira vocalização ofertada a *Shiva* – O Destruidor do Universo. Esses três personagens formam a *Trimúrti*, do panteão hindu, e representam o ciclo natural da vida manifesta em todo Universo. Tudo tem um começo (*Brahma*), um meio (*Vishnu)* e um fim (*Shiva*).

No início, o Nada deu origem ao Princípio. Então, o Verbo se fez presente e o Princípio de Tudo vivificou o Todo.

5

MANTRA E JAPA – A LINGUAGEM REVERBERANTE DO YOGA

O que é a sílaba OM?

O *pranáva* (sílaba) *OM*, para o hinduísmo, é a representação sonora, reverberante, de *Ishvara* – O Senhor de todos os mundos. Numa visão mais espiritualista e/ou religiosa, *Ishwara* é o equivalente a Deus. Já para a visão naturalista, apresentada no antigo tratado filosófico indiano, *Sankhya*, é a Consciência Primeira ou o Princípio de todas as coisas. É a matéria-prima universal presente em todos os seres vivos e que anima todas as coisas.

O *OM* pode ser definido, também, como o que a ciência chama de *big-ban*, o princípio de tudo, o começo da vida. É o princípio, a criação *(Brahma)*, o meio, a manutenção *(Vishnu)* e o fim, a destruição *(Shiva)*. Para os religiosos hindus, o *OM* é a representação simbólica do próprio hinduísmo e representa o corpo reverberante de Deus presente em todas as criaturas, *Shabda Brahman*. É a sílaba originária dos *Vedas* e sugere *aquilo que protege e abençoa*. O *Pranáva* (sílaba) *OM* é constituído pelas vogais *A*, *U* e a letra *M*, que, juntas, formam a palavra *AUM*. Porém, seguindo uma das principais convenções gramaticais sânscritas, a união das vogais *A + U* produz o ditongo *O* (fechado), então, seguindo a convenção mais adequada do termo, o correto é pronunciar, OM, e não AUM.

Ao vocalizar o *OM*, tanto em oração como em meditação, segundo a tradição hindu, o indivíduo evoca a presença de *Brahma* e/ou *Shiva* em seu coração. Para a tradição *Sankhya*, a vocalização da sílaba *OM* faz o coração e a mente de quem o vocaliza reverberar na mesma frequência que vibra todo o Universo, portanto, o yogi se conecta conscientemente, em meditação, ao Absoluto, à Força Primordial que anima e gerencia todo o Cosmos.

É inevitável, após uma longa prática de meditação por meio da vocalização do *pranáva OM,* na forma intermitente, na qual se faz uma breve vocalização e para, e assim por diante, na forma contínua, na qual se vocaliza enquanto houver ar nos pulmões, ou na forma de mentalização, chamada de *manásika* – a forma mais poderosa da prática –, sentir uma profunda sensação de paz mental e serenidade emocional que permanece vibrando em nosso corpo e mente por longos períodos. E quanto mais praticamos, mais intensas e prolongadas são essas sensações e tantas outras que vão se desdobrando, promovendo a expansão da nossa consciência.

Construção do *pránáva OM*

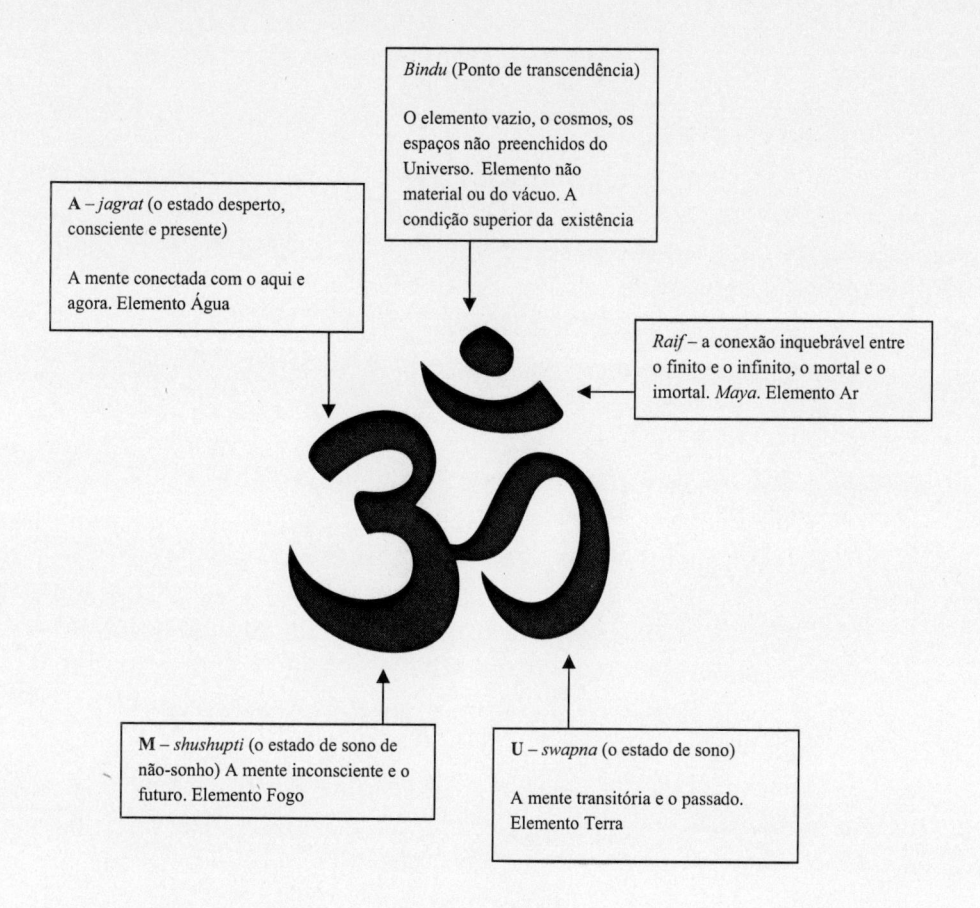

Bindu (Ponto de transcendência)

O elemento vazio, o cosmos, os espaços não preenchidos do Universo. Elemento não material ou do vácuo. A condição superior da existência

A – *jagrat* (o estado desperto, consciente e presente)

A mente conectada com o aqui e agora. Elemento Água

Raif – a conexão inquebrável entre o finito e o infinito, o mortal e o imortal. *Maya*. Elemento Ar

M – *shushupti* (o estado de sono de não-sonho) A mente inconsciente e o futuro. Elemento Fogo

U – *swapna* (o estado de sono)

A mente transitória e o passado. Elemento Terra

O que são os Mantras, kirtans e Japas?

A expressão sonora da prática yogi

Na tradição hindu, toda e qualquer prática de *mantras* está sempre associada à espiritualidade. Os *mantras* expressam a conexão devocional *(bhákti)* com os arquétipos do panteão hindu enquanto prática religiosa, bem como promove uma abertura ou limpeza dos meios de comunicação do eu pessoal com as deidades e/ou divindades da tradição ao qual o praticante está relacionado.

Um *mantra* é sempre uma prece, uma oração ou oferenda (parecido com a ideia de *pújá* que tratamos anteriormente), que tem por princípio produzir um estado alterado de consciência, estabelecendo, assim, a conexão com o Sagrado que habita o coração do praticante.

Há uma generalização de que tudo que é cantado ou verbalizado num tom específico ou numa estrutura musical indiana seja *mantra*. Isto é uma meia verdade, pois para ser *mantra*, além da conexão religiosa que este sugere, deve ocorrer a verbalização de uma linha sonora de três tons, um mais elevado, outro mais baixo e outro medial.

Já na forma de *kirtans,* a verbalização é feita de forma extrovertida, cantada, festiva. Como numa festa na qual todos cantam juntos para se alegrar. Nessa estrutura sonora, *kirtan,* há uma necessidade da repetição por um longo período e mentalização da deidade ou característica sugerida no significado ou tradução do *kirtan*. É geralmente praticado em cultos devocionais ou *Satsangas* (encontros festivos para celebrar a boa nova). Também se sugere os *kirtans* no início ou final de práticas de Yoga. Eles ajudam a produzir uma aura de extroversão e unidade no grupo, favorecendo o despertamento do estado yogi e produzindo um tipo de consciência favorável à integração, extroversão, união e descontração durante a prática de Yoga.

A prática do *Japa* já possui uma estrutura sonora diferente dos *mantras* e *kirtans*. *Japa* pode ser entendido como vocalização sonora monossilábica, um tom e uma sílaba por vez. Sua prática anima os centros de energia psíquica *(chakras)* do organismo sutil e produz uma alteração do modelo mental, conduzindo seu praticante a estados de profunda concentração e meditativos.

Tipos de *Mantras* e *Kirtans* – *Cânticos devocionais do Hinduísmo*

Mantra: *Om Namah Shivaya*

Significado:

Conforme os vêdas, o mantra *Om Namah Shivaya* é o corpo do Senhor Nataraja, o Dançarino Cósmico, é o lar de Shiva.

"Namah" significa prostrações, "Shivaya Namah", portanto, sugere: eu me prostro ante o Senhor Shiva (a alma é o servo de Shiva).

"Shiva", originalmente, segundo os vêdas, é um adjetivo e significa benfazejo, benigno e representa a condição benevolente do coração humano. Somente mais à frente na história é coroado pela tradição bramânica como um deus da trilogia hindu – *trimurti*.

"Aya" denota a identidade entre a alma individual e a alma universal. As cinco sílabas de "Namah Shivaya" significam as cinco ações do Senhor: criação, preservação, destruição, o ato de ocultar e a bênção; significam também, de forma mais eclética, os cinco elementos e toda a criação através da combinação deles.

"Na" denota o poder oculto do Senhor que faz a alma se mover pelo mundo; "Mah" é a amarra que prende a alma na roda das vidas e mortes; "Shi" é o símbolo do Senhor Shiva; "Va" é a Sua graça; e "Ya" é a alma individual.

Se a alma se enreda em "Na" e "Mah", ela ronda interminavelmente pelo mundano. Se ela se associa com "Va", ela vai em direção a Shiva. Portanto, "Namah Shivaya" forma o corpo do Senhor Shiva, e o mantra propicia que "eu me refugie no corpo do Senhor Shiva".

Mantra: *Jaya Guru Ômkara*

Jaya Guru Ômkara, jaya jaya
Sat Guru Ômkara, Ôm
Brahma Vishnu Sadáshiva,
Hara Hara Hara Hara Mahádêva

Significado:

Jaya se refere a uma saudação, também exprime o significado de vencedor ou de conquistador. Portanto o mantra começa saudando o símbolo do ÔM, o Ômkára. Satguru é o mestre ou o mais sábio entre os mestres, fazendo alusão à carga de conhecimento yogi que se encerra na figura do ÔM.

No terceiro verso, existe o nome da trindade hindu, Brahma, Vishnu e Shiva. Eles representam a criação, a conservação e a renovação, respectivamente. Portanto aqui o mantra fala sobre três importantes aspectos da filosofia e da vida (o passado, o presente e o futuro) sob as quais o ÔM atua e transforma.

Por fim, o mantra saúda mais uma vez este Mahadêva, o maior de todos, o grande deus, já que para o hinduísmo, o ÔM também assume esse caráter de divindade.

Mantra: *Lokah Samastah Sukhino Bhavantu*

Significado:
Que todos os seres sejam livres e felizes.

Mantra: *Gayatri Mantra*

Om bhūr bhuva swaha
tat savitur varenyam
bhargo devasya dhīmahi
dhiyo yo nah prachodayāt

Significado:

Em todos os três mundos, terrestre, astral e celestial, que possamos meditar sobre o esplendor daquele sol divino que nos ilumina. Que toda a luz dourada acalente nosso entendimento e nos guie na jornada para a morada sagrada.

Om é o Princípio de Tudo, a forma reverberante do Senhor do Universo. Entoar o "OM" é reverberar junto com o Absoluto;

Bhur é o Plano da Manifestação do Ser e o Esforço para a Manifestação da Vida.

Bhuva é o fogo destruidor dos sofrimentos, o *Prana* existente na atmosfera e o poder ativador do *Chakra* da Garganta.

Swah ou swaha, ou **svah, ou svaha,** ou ainda **svuh ou suvha** é o Plano Mental, o Reino da Iluminação. Em sânscrito, significa: que assim seja! Que se manifeste! É quando concebemos o saber sobre algo, é uma confirmação de que queremos receber a força do mantra. Também utilizada no tantrismo como uma saudação. Ao saudarmos alguém, estamos recebendo-o em nosso meio. Assim, tem o mesmo significado.

Tat é aquele que atua a manifestação do plano divino, é quem faz acontecer.

Savitur é brilhante como o Sol.

Surya representa o Sol, o representante máximo do Eu Maior para a humanidade.

Varenayam é o melhor, o supremo, alguém que merece ser reverenciado.

Bhargo é a radiação da glória, uma energia que consome a ignorância, e por consequência, o sofrimento e a miséria.

Devasya é a iluminação que vem de *Ishwara.* Sabedoria divina.

Dhimahi é quando meditamos em sua Luz, meditamos em seu Ser.

Dhiyo yo nah para despertar a grande visão *(dhiyo)* subjetiva.

Prachodayat é a direção, a coragem, a inspiração cósmica e a sabedoria.

Tipos de Japa *(Chakras e Kundalini)*

A expressão reverberante do *Prãna* e sua relação com os *chákras*

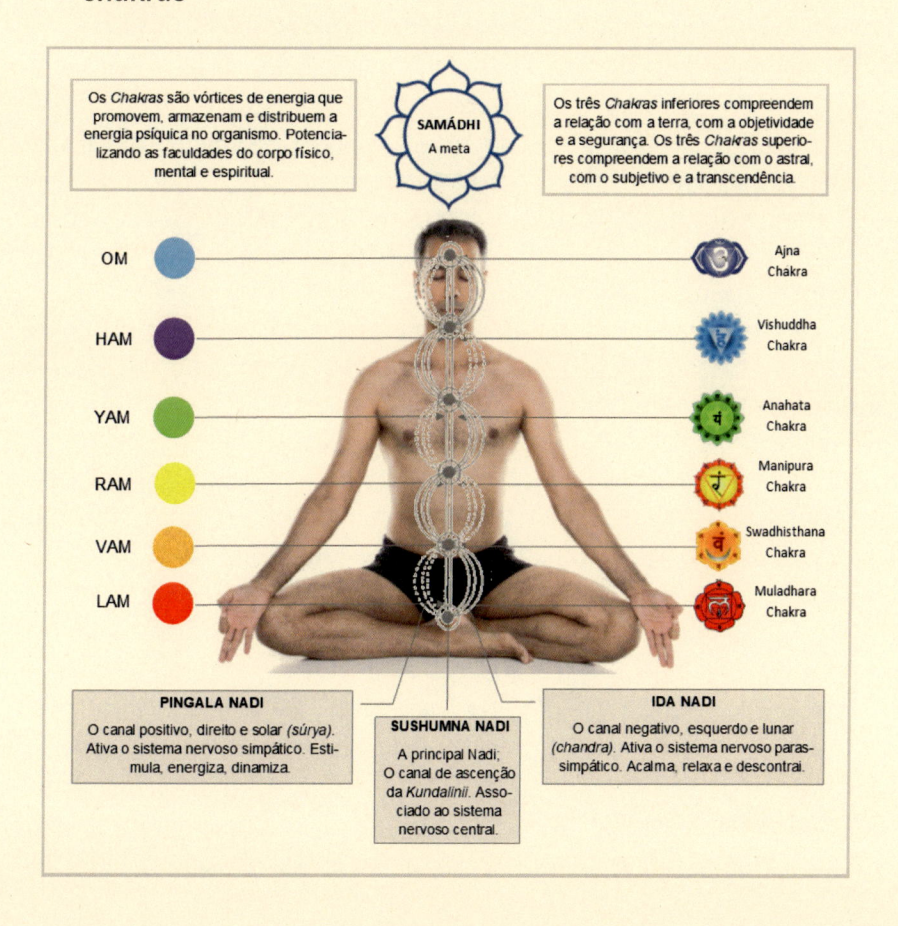

No gráfico acima podemos perceber, resumidamente, a estrutura principal da relação *Chakras e Kundalini* que é ativada pela vocalização dos *japas (lam, vam, ram, yam, ham, om)* na prática do Yoga tântrico. Já nas figuras a seguir, temos a estrutura primária para a construção de um *Chákra*, que veremos adiante.

O que é o Chakra?

Chakra é um termo fruto da cultura sânscrita. Traduzido, literalmente, sugere: círculo, vórtice ou espiral. É uma construção mental utilizada para práticas meditativas e aquisição de características comportamentais no corpo físico e sutil. Funciona como um mapa mental para prender o pensamento e a energia produzida por essa retenção, no sentido de animar, mover e/ou vivificar um cenário mítico, simbólico, dentro dos núcleos mentais previamente construídos, cuja narrativa favorece a aquisição de qualidades, potencialidades e superação de vulnerabilidades físicas e mentais. Logo, a expansão da consciência.

A meditação através dos chákras é bastante sofisticada e difícil. Cada escola, cada linhagem de Yoga tem uma construção própria para esse tema. Porém, o que é importante saber é que na tradição tântrica, que se acredita ter criado esse sistema de meditação, existem seis vórtices de energia, seis chákras, nos quais cada vórtice possui um conjunto particular de características com suas respectivas cores, símbolos, formato, movimento, vibração e efeitos. Essa construção está intimamente ligada ao alfabeto sânscrito, presente nos números de pétalas de cada chákra. Porém, ao contrário do que muita gente imagina, esses chákras não existem fisicamente, ou seja, eles não estão na anatomia física e, sim, na anatomia sutil. Eles precisam ser construídos mentalmente antes de iniciar sua execução nas áreas correspondentes dentro da anatomia sutil sugerida no Yoga. Para tanto, certamente, este será um tema para ser abordado com profundidade em livros posteriores ou de autores renomados e especialistas no assunto.

Para começar a meditar através dos chákras você precisa, primeiro, construir suas bases, seus alicerces, dentro da mente. Da mesma maneira que um construtor de casas precisa, basicamente, construir os alicerces da casa com pedras, ferro, areia, cimento e outros materiais para, somente então, levantar a casa sem riscos de ela desmoronar. Com a meditação chakranica é a mesma coisa, primeiro construímos as bases e, então, agregamos todos os demais elementos, um a um, para que sua prática seja funcional e produza os resultados esperados.

Esse processo começa pela prática da concentração, dhárana. Sem foco, sem permanência, não há concentração. E sem concentração não há meditação. Simples assim.

Para essa prática nos detemos nas três figuras geométricas que forma os alicerces de um chakra, comum a todos eles. Vamos a técnica:

Sente-se em qualquer postura firme e confortável. Pode ser sobre a cadeira, desde que não encoste no encosto. Mantenha a coluna leve-mente estendida, ombros relaxados, olhos fechados e respiração agra-dável. Priorize locais sem barulho ou com ruído mínimo, para favorecer a aclimatação da mente.

1. Visualize um quadrado vermelho. Detenha sua atenção na figura por alguns minutos. Depois, visualize um círculo amarelo. Detenha sua aten-ção no círculo por alguns minutos. E por último, visualize um triângulo invertido azul, detenha sua atenção no triângulo por alguns minutos. Se estiver difícil visualizar as figuras com suas respectivas cores, elimine as cores e, com o tempo, você conseguirá fazê-lo adequadamente. Então, se você conseguiu sustentar as imagens, separadamente, uma por vez, em sua mente, por um tempo considerável (o tempo é você que define, mas tente ficar no mínimo três minutos em cada imagem). Passe ao exercício seguinte;

2. Visualize as três figuras juntas e sobrepostas. Primeiro o quadrado vermelho. Dentro do quadrado vermelho, o círculo amarelo. E dentro do círculo amarelo, o triângulo invertido azul. Se for difícil visualizar as três figuras juntas e sobrepostas, com suas respectivas cores, elimine as cores e, com o tempo, você conseguirá fazê-lo adequadamente.

Outra estratégia para esse exercício é realizá-lo com os olhos abertos, focando as três figuras, uma por vez, como se estivesse vendo um álbum de fotografias (adquira papel-cartão nas respectivas cores e confeccione as figuras geométricas). Depois, junte as figuras e prenda sua atenção nelas até saturar a visão. Feche os olhos e procure sustentá-las em sua mente. Se a imagem sumir, abra os olhos e, novamente, fixe a atenção na figura até saturar a visão e, então, feche os olhos e sustente a imagem em sua mente. Repita isso várias vezes até produzir a capacidade de mentalizar as figuras. Não se preocupe, no começo, o exercício pode ser um tanto frustrante, mas com a constância da prática, você irá definir a qualidade da técnica, irá dispersar menos e se concentrar mais, até produzir o estado de atenção plena, de concentração linear, que é a capacidade de se concentrar sem dispersar.

Veja nas figuras a seguir a sequência de treinamento de concentração. No futuro, será possível produzir, mentalmente, estruturas detalhadas quanto as que estão no gráfico anterior, sobre chakras e kundalini.

A ESTRUTURA BÁSICA DE UM VÓRTICE DE ENERGIA – O *CHÁKRA*

O que é a Kundalini?

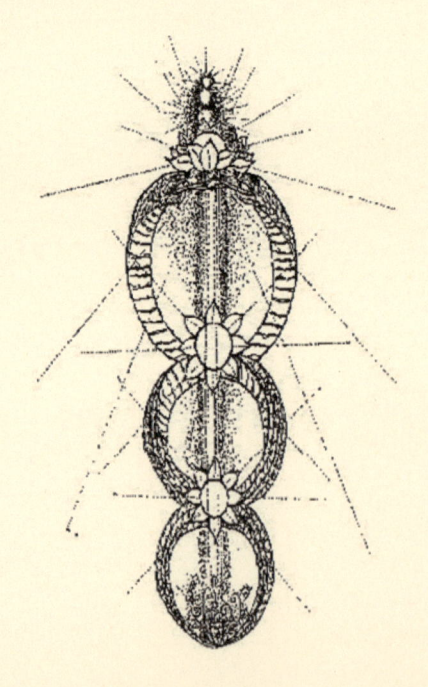

A *Kundalini* é um termo, originalmente, tântrico, da antiga Índia, e sugere o conceito da identidade biológica que é definido pelo calor, pela temperatura gerada em cada forma de vida, a partir do movimento – *Prãna*. A tradução da palavra *Kundalini* é *serpentina* ou *serpente,* e faz alusão à coluna vertebral que parece, fisicamente, com uma serpente.

Segundo esse conceito, *Kundalini,* cada indivíduo possui uma temperatura essencial. Assim como cada um de nós tem uma impressão digital de que é semelhante entre as demais pessoas, porém única em cada ser humano, nós também temos uma temperatura física que é única em nossa individualidade, e quando essa temperatura se manifesta, faz-se presente, tornamo-nos ativos e vivos no mundo. Tanto que quando uma pessoa morre, a primeira coisa que ocorre com ela é o esfriamento do seu corpo. Ela perde sua temperatura. Ela deixa de viver. A *Kundalini* é entendida, portanto, segundo este conceito, como a nossa genuína identidade biológica. É ela que nos anima e nos torna úteis à própria existência. É ela que confere sentido à própria vida – biologicamente falando. Quando aprendemos a despertar – que não é muito difícil, e a canalizar essa energia, definida na forma de calor, potencializamos a nossa existência e todas as faculdades naturais e psíquicas do nosso organismo. O conceito, *Samádhi* – iluminação, que é a meta do Yoga, só pode ser atingido pela ascensão dessa energia ígnea pela *Sushumna* – canal de energia dentro da coluna vertebral, até o cérebro.

O que é o Prãna?

Prãna (*sopro de vida*) é, segundo os *Upanishad,* antigas escrituras indianas, a energia vital universal que permeia o Cosmo, absorvida pelos seres vivos através do ar que respiram e do movimento que anima o todo. O segundo dos corpos energéticos, ou Koshas.

Prãna é um conceito estudado dentro do Yoga, surgiu da cultura sânscrita, e uma de suas traduções mais adequadas sugere *movimento*. O *Prãna* está em todas as coisas, pois tudo que existe, visível e invisível, movimenta-se. O movimento produz energia na forma de calor, e o calor, a energia, anima a vida tal como a conhecemos. O *Prãna* está no ar que respiramos, na água que bebemos, no sol que nos nutre e em tudo criado a partir do princípio, do meio e do fim – o OM (a sílaba que expressa o reverberar da Criação). A matéria prima do *Prãna,* portanto, é a ação do movimento, é o fluxo constante e interminável nos processos de expansão e contração do Universo. O *Prãna* precisa do movimento para existir e este movimento, por sua vez, produz a energia criadora, gerenciadora e destrutiva de tudo que existe, de tudo que possui vida e morte.

Muitos associam o *Prãna* à respiração ou ao ar. Mas esta é uma meia verdade. Pois o ar, sim, possui o *Prãna,* mas o *Prãna* não é somente o ar que respiramos e move as nuvens no céu. O *Prãna* é a força motora que anima tudo.

Na filosofia vedanta, *Prãna* é a noção da força de sustentação dos seres vivos, a energia vital, originando a noção chinesa de Qi e, depois, do japonês Ki. *Prãna* é um conceito central na Ayurveda e Yoga, no qual acredita-se fluir por meio de uma rede de finos canais sutis chamados nadis. *Prãna* foi exposta no *Upanishads*, que é parte do reino mundano, físico, sustentando o corpo e a mãe de pensamento e, portanto, também da mente. *Prãna* permeia todas as formas de vida, mas não é em si o *Atman* – a alma individual.

Na filosofia hindu, do *Shivaismo* da Caxemira, o *Prãna* é considerado como um aspecto da *Shakti* (energia cósmica feminina).

Assim como o eterno movimento de expansão e contração do Universo, que mantém o equilíbrio macrocósmico, é a nossa respiração. O ar que entra, revigora e expande, e o ar que sai, tranquiliza e contrai, sincronizando o micro ao macro.

6

PRÁNÁYÁMA – CONTROLE DA RESPIRAÇÃO E PENSAMENTO

O que é *Pránáyáma* – o sopro vital?

Pránáyáma (do sânscrito sugere "respiração, alento ou sopro vital") é o quarto componente do *Raja Yoga* exposto nos Yogasutras de *Patañjali*. *Prãna* é a fonte de energia – o movimento. O *Prãna* é substrato universal. *Pránáyáma* é o conhecimento e controle do *Prãna*. Para o Yoga, é a expansão da bioenergia no corpo humano por meio de respiratórios conscientes e estruturados bem como, e principalmente, pelo controle da força do pensamento. De forma sistemática, *Patañjali* precede do revestimento externo do ser humano e procede até o mais tênue das suas camadas. Respiração e mente são interdependentes e interpenetrantes. A primeira descrição de *Prãna* está descrita em uma *Upanishad*. *Prãna* está em qualquer ser vivo e é uma energia tão sutil que a fisiologia ocidental ainda está procurando decifrar os seus mecanismos e como mapeá-la.

"*Yama*" significa "disciplina" e designa o ajuste das oito uniformidades da consciência pela prática constante. Essa uniformidade pode ser acessada pela concentração contínua nos processos da respiração e do pensamento – do movimento mental. Auxiliado pelas técnicas de relaxamento, nestas práticas de *Pránáyáma* se percebe a relação entre a expiração, inspiração e seu intervalo, levando a uma profunda mudança de estado e transformando a consciência a ponto de ela ser sensibilizada pelo admirável material de que é feita a vida.

Pránáyáma (controle do ritmo da respiração e do pensamento), junto ao *Pratyahara*, são dois estágios do Yoga conhecidos como *Antaranga*

Sádhana e ensinam a controlar a respiração e a mente da escravidão dos desejos. A palavra *Pránáyáma* é formada por *prãna* (vida, respiração, movimento) e *Ayama* (expansão). Esse controle deve estar nas quatro divisões da respiração: inspiração (*puraka*) expiração (*rechaka*) retenção cheia (*kumbhaka* – ou *antara kumbhaka*) e a retenção vazia (*shunyaka* – ou *bahya kumbhaka*). Quando o folego é mantido após a inspiração (*antara kumbhaka* (interna)). Quando o fôlego é mantido após a expiração (*bahya kumbhaka* (externa)).

Desde que a meta do Yoga é o controle e expansão da mente, o yogi aprende as técnicas do *Pránáyáma* de modo a dominar a respiração, controlar os sentidos, e permanecer no estado de *Pratyahara* e predispor–se para o *Dhyana* (meditação).

Kapiásana

Tipos de *pránáyáma*

Exercícios de reeducação respiratória

1. **Tamas pránáyáma** – respiração imperceptível. É a respiração cotidiana sem repousar a atenção nela. É a respiração neurovegetativa.

2. **Rajas pránáyáma** – respiração dinâmica. (Não confundir com rája pránáyáma.) É a respiração consciente. Mantém-se a atenção na respiração sem mudar o seu ritmo, apenas se observa sem interferir.

3. **Adhama pránáyáma** – respiração abdominal sem ritmo. (Outros nomes: ardha pránáyáma; ardha prána kriyá.) Mantém-se a consciência no abdome exercendo uma leve expansão quando o ar entra e um leve recolhimento quando o ar sai. Ou seja, ar para dentro, abdome para fora. Ar para fora, abdome para dentro. Sem ritmo ou tempo.

4. **Adhama kúmbhaka** – respiração abdominal com ritmo (1–2–1). (Outro nome: ardha kúmbhaka.). Inspire num tempo de sua escolha, expandindo o abdome suavemente. Segure os pulmões cheios duas vezes o tempo que inspirou, mantendo o abdome suavemente expandido, e solte o ar pelas narinas o mesmo tempo que inspirou, recolhendo suavemente o abdome.

5. **Bandha adhama pránáyáma** – abdominal sem ritmo e com bandhas. (Outro nome: bandha ardha prána kriyá.) Sem preocupar-se com o tempo ou ritmo respiratório, exerce-se uma vigorosa expansão do abdome quando o ar entra e, então, o seu forte recolhimento quando o ar sai.

6. **Adhama kúmbhaka pránáyáma** – abdominal com ritmo e com bandhas (1–2–1). (Outro nome: ardha kúmbhaka bandha.). Inspire num tempo de sua escolha, expandindo o abdome vigorosamente em perfeita harmonia com o tempo da inspiração. Segure os pulmões cheios duas vezes o tempo que inspirou, mantendo o abdome expandido com vigor. E solte o ar pelas narinas usando o mesmo tempo que inspirou, recolhendo o abdome vigorosamente em perfeita harmonia com a expiração.

7. **Madhyama pránáyáma** – respiração média sem ritmo. Mobilizar a região medial do tronco, a região intercostal, enquanto respira. A ideia é "abrir" as costelas quando o ar entra e, então, "fechar" as costelas quando o ar sai. Em perfeita harmonia com a respiração.

8. **Rája pránáyáma** – respiração completa, sem ritmo, sem bandhas. (Outro nome: prána kriyá.) Mobilizar as três áreas do tronco em perfeita harmonia com a respiração. Ou seja, ao inspirar, como se houvesse

uma onda crescendo de dentro para fora e de baixo para cima, ir expandindo a região abdominal, depois, intercostal e, por último, a região subclavicular. E ao expirar, pelas narinas e naturalmente, trazer a onda de cima para baixo e de fora para dentro, recolhendo a parte alta (subclavicular), média (intercostal) e baixa (abdominal). Todo esse movimento, de baixo para cima e de cima para baixo, deve ser feito suavemente, sem força e sem desconforto.

9. **Bandha pránáyáma** – respiração completa, sem ritmo, com bandhas. (Outro nome: prána bandha kriyá.). Mobilize as três áreas do tronco com bastante vigor, em perfeita harmonia com a respiração. Ou seja, ao inspirar, como se houvesse uma onda crescendo de dentro para fora e de baixo para cima, expanda a região abdominal, depois, intercostal e, por último, a região subclavicular. E ao expirar pelas narinas e naturalmente, traga a onda de cima para baixo e de fora para dentro, recolhendo a parte alta (região subclavicular), a parte média (região intercostal) e a parte baixa (região abdominal). Esse movimento, num fluxo constante e em harmonia com a respiração, deve ser executado com vigor e dinamismo.

10. **Antara kúmbhaka** – respiração completa com ritmo (1–2–1 ou 1–4–2). (Outro nome: kúmbhaka.). Mobilize as três áreas do tronco em perfeita harmonia com a respiração, ou seja, ao inspirar num determinado tempo de sua escolha, como se houvesse uma onda crescendo de dentro para fora e de baixo para cima, expanda a região abdominal, depois intercostal e, por último, a região subclavicular. Depois, segure os pulmões cheios por duas ou quatro vezes o tempo que inspirou, sustentando a expansão torácica, e, ao expirar pelas narinas, utilizando o mesmo tempo que inspirou, traga a onda de cima para baixo e de fora para dentro, recolhendo a parte alta (região subclavicular), a parte média (região intercostal) e a parte baixa (região abdominal). Todo esse processo precisa ser executado com suavidade, a respiração não fica nem ofegante nem desconfortável.

11. **Bandha kúmbhaka pránáyáma** – respiração completa, com ritmo e com bandhas (1–2–1). (Outro nome: kúmbhaka bandha.) Mobilize as três áreas do tronco em perfeita harmonia e vigor com a respiração, ou seja, ao inspirar, num determinado tempo de sua escolha, como se houvesse uma onda crescendo de dentro para fora e de baixo para cima, expanda vigorosamente a região abdominal, depois, a intercostal, e por último, a região subclavicular, depois, segure os pulmões cheios duas vezes o tempo que inspirou, sustentando fortemente a expansão torácica, e ao expirar pelas narinas, utilizando o mesmo tempo que inspirou, traga a onda de cima para baixo e de fora para dentro com vigor, recolhendo a parte alta (região subclavicular), a parte média (região intercostal) e a parte baixa (região abdominal). Esse exercício

produz, após algumas repetições, a sensação de fadiga de toda a musculatura mobilizada no exercício – sinal de que foi feito corretamente.

12. **Nádí shôdhana pránáyáma** – respiração alternada sem ritmo. (Outro nome: vamakrama). Utilizando *apana* ou *vishnu mudrá* para obstruir uma das vias aéreas, inicie inspirando pela narina esquerda, troque a narina e solte o ar pela narina direita e, então, inspire pela narina direita, troque a narina e solte o ar pela narina esquerda e, assim, sucessivamente. Como via de regra, lembre-se de trocar a narina sempre para expirar, jamais para inspirar.

13. **Nádí shôdhana kúmbhaka** – alternada com ritmo (1–2–1 ou 1–4–2). (Outro nome: sukha púrvaka.) Utilizando *apana* ou *vishnu mudrá* para obstruir uma das vias aéreas, inicie inspirando pela narina esquerda em qualquer tempo de sua escolha. Segure os pulmões cheios duas ou quatro vezes o tempo que inspirou. Troque a narina e solte o ar pela narina direita o mesmo tempo que inspirou ou duas vezes o tempo de inspiração e, então, inspire pela narina direita, utilizando o mesmo tempo inicial, segure os pulmões cheios duas ou quatro vezes o tempo da inspiração. Troque a narina e solte o ar pela narina esquerda o mesmo tempo de inspiração ou duas vezes esse tempo e, assim, sucessivamente. Lembre-se de trocar a narina sempre para expirar, jamais para inspirar.

14. **Nadi Shôdana Bhástrika** (Outro nome: sukha púrvaka.) Respiração alternada com o sopro rápido. Utilizando *apana* ou *vishnu mudrá* para obstruir uma das vias aéreas, inicie inspirando rápido pela narina esquerda, troque a narina e solte o ar rapidamente pela narina direita e, então, inspire rápido pela narina direita, troque a narina e solte o ar rapidamente pela narina esquerda e, assim, sucessivamente. Lembre-se de trocar a narina sempre para expirar, jamais para inspirar. E o faça rapidamente. Comece devagar e, à medida que se apropriar da coordenação motora, vá acelerando.

15. **Bhastriká** – respiração do sopro rápido. Respire vigorosamente pelas narinas, com força, ritmo e velocidade. Essa respiração é bem curta e acelerada. Os ombros não podem mexer e o abdome reage naturalmente ao respiratório – não se preocupe em mobilizá-lo. É natural uma sensação de euforia ou uma leve tonturinha devido à hiperventilação.

16. **Kapálabhati** – respiração do sopro lento. Respire vigorosamente pelas narinas, com força, ritmo e velocidade menor. Essa respiração é mais vigorosa na expiração do que na inspiração. Visa desintoxicar os pulmões, então, força na saída do ar. Essa técnica é parecida com *bhástrika,* mas a diferença está justamente na forma vigorosa que se aplica a expiração e na diminuição da velocidade do exercício. É natural uma sensação de euforia ou uma leve tonturinha devido à hiperventilação.

17. **Prana Há** (Sopro há) – expiração forte pela boca emitindo som alto e brusco. Inspire profundamente pelas narinas e, então, solte o ar pela boca o mais rápido que puder e no final da expiração emita o som HÁ. É importante trazer o som para fora do fundo do abdome, que reage a vigorosa expiração. Se você apenas gritar ao soltar o ar, isso vai irritar sua garganta, então, se esforce para trazer o HÁ lá do fundo do seu ser.

18. **Kúmbhaka pránáyáma** (apneia cheia). Treinamento da apneia cheia. Comece segurando os pulmões cheios três ou quatro vezes o tempo que inspirou. Lembre–se sempre de inspirar profundamente e, quando considerar que seus pulmões estejam cheios, insista um pouco mais em trazer o ar para dentro. Você perceberá que o ar continuará a entrar. Depois, treine a retenção com ar respeitando os limites do seu corpo, assim, você contribuirá para a melhora e expansão de sua capacidade pulmonar sem prejuízos ao seu organismo. Treine com vigor, sempre, mas jamais produza dor ou desconforto demasiado.

Kumbaka, *apneia cheia pressionando o queixo contra o peito, contraindo o abdômen e os esfíncteres do ânus e uretra. Manter as contrações e pulmões cheios o máximo possível (foto anterior).*

Os quatro estágios da respiração. A respiração quadrada – *Chaturanga Pránáyáma*

- **Puraka** (inspiração);
- **Kumbaka** (retenção com ar);
- **Rechaka** (expiração);
- **Shunyaka** (retenção sem ar).

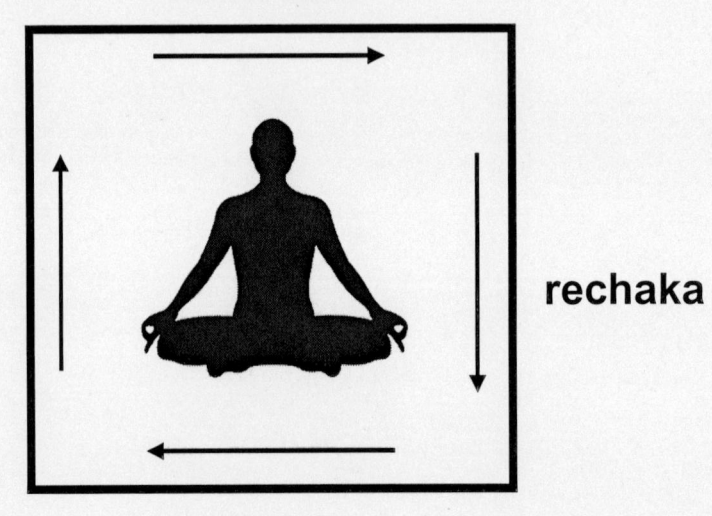

kumbaka

puraka

rechaka

shunyaka

A purificação contínua do corpo e da mente, kriyas, garante a compreensão do Dharma, a Lei da Verdade, fortalece o Purusha, o homem original, e inibe as interferências de Maya, a ilusão.

7

KRIYAS – A PURIFICAÇÃO YOGI DO CORPO DENSO E SUTIL

O que são as Kriyas?

A tradução da palavra Kriya, proveniente do sânscrito, sugere *purificação, limpeza ou higienização*. Kriyas, portanto, são técnicas e observâncias à limpeza ou purificação do corpo físico e sutil, principalmente dos sistemas respiratório e digestório, dos olhos, do cólon e do cérebro. Também são conhecidas como shatkarma, ou os seis processos de purificação. Shat (seis), Karma (ação).

Orientações para a prática

Todas as *kriyás* devem ser realizadas sob a supervisão de professor experiente. Não introduza nem utilize em seu corpo nada que possa prejudicar a sua saúde pela negligência dessa orientação.

As *kriyás* citadas neste capítulo são apenas para referência e auxiliar o estudo, não é para serem executadas apenas por livro, é necessário que seu professor, com quem você pratica regularmente, pessoalmente, transmita-lhe a técnica e oriente a sua execução adequadamente.

Neste capítulo apresentamos apenas algumas das muitas técnicas de *ktiyas* que, para este livro, julgamos imprescindíveis para quem deseja começar a estudar o tema. Pois há muito a explorar e estudar sobre as tantas formas de purificação sugeridas no Yoga e que serão, certamente, assunto para um outro livro. É fundamental, portanto, consultar seu professor para obter a orientação adequada sobre quais *kriyás* utilizar.

Kapalabhati

A palavra, *kapalabhati,* traduzida do sânscrito significa "crânio brilhante". Logo após a prática, da técnica respiratória, fica bem claro porque recebeu esse nome – isso ocorre pela vitalizarão, tanto do cérebro quanto dos pulmões, além de produzir uma grande euforia, pelo aumento significativo de oxigênio no sangue, favorecendo a circulação no cérebro.

A finalidade do exercício é diminuir a mucosidade nasal e favorecer a desobstrução das vias aéreas, a partir de vigorosas expirações.

Essa *kriyá*, de acordo com o objetivo da execução, também pode ser orientada como um *pránáyáma* (técnica respiratória).

Pode ocorrer, como no *bhastriká* (respiração do sopro rápido)*,* uma certa dose de alcalose respiratória, produzindo uma mudança muito rápida no pH do sangue, que se caracteriza pelo declínio primário da pressão parcial de dióxido de carbono, enquanto o pH do sangue está elevado e a concentração de bicarbonato no sangue diminuída. Ela é causada pela queda de CO_2 devido a hiperventilação. É uma reação muito comum, mas sem efeitos colaterais diretos.

Em alguns textos clássicos do hinduísmo como o *Ghêranda Samhitá*, por exemplo, aconselha–se acrescentar água junto ao exercício, *kapálabháti*. Um deles é o *vyutkrama,* no qual se aspira água morna e salgada, pelas narinas, e se expele pela boca. E o *shítkrama kapálabháti,* aspira–se água morna e salgada pela boca e se expulsa em um sopro pelo nariz.

O *kapálabháti* aumenta a capacidade respiratória, massageia os órgãos e fortalece a parede abdominal. Purifica as vias respiratórias e pulmões, combate a depressão, aumenta a coragem, determinação e autoconfiança. Pode e deve ser praticado todos os dias.

Utilize um lenço para a sua execução, logo abaixo das narinas, para cessar a saída de um possível excesso de mucosidade.

Para executor a técnica, esvazie os pulmões completamente, depois, inspire o maior volume de ar que puder, até não caber mais, em seguida, comece expirando progressivamente, no primeiro momento forte, porém sem dar o máximo de si, quando faltar uns 70% de ar expire explosivamente com um forte ruído e contraindo intensamente o abdômen, como em um espirro, só que feito pelas narinas.

Esse detalhe da expiração progressiva é importante, porque produz inicialmente uma pequena dilatação das narinas, isso evita que a mucosidade pegue o caminho errado e acabe entrando no canal auditivo o que pode provocar inflamações. A face precisa estar relaxada para não diminuir a passagem de ar, o que, inevitavelmente, acabaria causando o mesmo problema descrito anteriormente.

Comece com dois ciclos de 30 respirações cada, em seguida vá aumentando a quantidade de ciclos a cada três semanas. Use o bom senso.

Você saberá que está tendo melhores resultados quando conseguir produzir dois buracos num lenço de papel simples, como aqueles usados em papel higiênico. Tome o cuidado de fazer esse teste com as narinas secas, e fazer os buracos apenas com a força do ar que sai.

Trátaka

Trátakas são técnicas de fixação da atenção com os olhos abertos. Primordialmente surgiram os *drishtís,* que são as fixações dos olhos, da atenção, em algum ponto, objeto ou símbolo. não deixando que a dispersão interfira no processo de fixação, muito usadas em técnicas de introjeção, concentração e, frequentemente, acompanhando a execução de certos *ásanas* (técnicas corporais). Os *drishtís* além de *kriyás,* são considerados exercícios de concentração, frequentemente usados como técnicas de apoio à meditação. Com o tempo, os antigos observaram que essas técnicas, apesar de eficientes, se executadas por longos períodos causavam vertigens, dores de cabeça e até mesmo a diminuição da capacidade ocular como, por exemplo, a de focar um objeto a distância.

Houve assim a necessidade de criar exercícios de manutenção, tonificação e limpeza dos globos oculares. A função desses exercícios está mais para a prevenção do que a cura em si, mas são usados também para descansar os olhos e melhorar a visão, acabou-se verificando, inclusive, que os *trátakas* atuam rápida e eficientemente na hipermetropia e astigmatismo.

A tradução da palavra *trátaka* é imprecisa. *Trátaka* é o nome técnico que se dá aos exercícios visuais – é traduzido como "fixação". Ele é formado por duas raízes verbais que são: *tra*, que significa proteger, salvar, instrumento e *ataka*, vagar, movimentar. É um termo sânscrito que tem o sentido aproximado de: (aquilo que) protege o movimento (ocular).

Existe uma infinidade de combinações de *trátaka*. Alguns usam a fixação constante do olhar em um único ponto, outros em movimentar o mais rápido possível, focar perto e longe, ou em fazer movimentos de rotação com a utilização de mecanismos externos como o dedo, alongando a musculatura e energizando os nervos óticos.

Um erro bastante comum é fazer o exercício fora do campo visual. Levando o dedo, por exemplo, muito além do que ele pode ser focalizado mantenha em mente que o exercício é para melhorar a visão, e não para desenvolver capacidades mediúnicas. Ou seja, se você não vê o dedo, não está fazendo nada. Não adianta imaginar onde o dedo está. Outro mito é que os movimentos oculares precisam ser lentos, quando na verdade, podem ser bastante rápidos e dinâmicos, tudo vai depender de treino e habilidade.

Os exercícios são aparentemente simples de executar, porém, devem ser feitos com moderação.

Nossos olhos foram elaborados para ver bem sob a luz do sol, já à noite somos facilmente enganados, uma simples roupa pendurada num varal pode ser confundida com uma pessoa. Sem luz somos "presas fáceis".

Precisamos da luz na medida certa, pois o seu excesso pode causar cegueira, como a perda de visão causada pela neve, que, com apenas algumas horas de exposição ao ambiente reflexivo, promove lesões que podem ser irreversíveis. E a sua falta, reduz a visão gradualmente, como a dos mineiros, que de tão pouco estimulados, acabam perdendo a visão após anos de trabalho.

Sugiro três técnicas de simples execução que a partir da constância da prática produzem efeitos positivos no gerenciamento da saúde dos olhos.

1ª técnica: *Dipa Trátaka*

Consiste em fixar os olhos na chama de uma vela. A descrição desse exercício é semelhante ao *drishtí tratáka*. Sente-se com as costas eretas e fixe a atenção na chama da vela, que deve estar a uma distância mínima de um metro. Abra bem os olhos, mantenha o foco, sem piscar, até começar a lacrimejar. Depois, pisque os olhos diversas vezes e repita o processo todo, mais umas duas ou três vezes. Enxugue apenas as lágrimas que escorrerem pelo rosto, os olhos você poderá enxugar mais tarde, usando um lenço ou uma toalha de papel descartável.

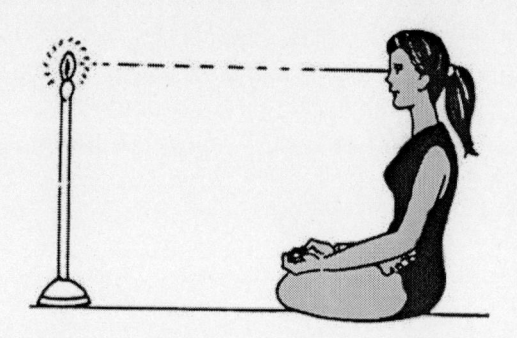

2ª técnica: *Vajra trátaka*

Consiste em fixar os olhos no dedo polegar, executando rápidos movimentos. Sente-se confortavelmente em qualquer posição, com as costas eretas, e fixe a atenção no dedo polegar sem dispersar. Cuidando, evidentemente, para não movimentar a cabeça, o que move são os olhos. Faça movimentos rápidos com o dedo, movimentando-o ora na vertical, ora na horizontal e nas diagonais. Mesmo com os movimentos rápidos, procure manter o foco constante e em nenhum momento permita que a imagem fique turva ou fragmentada. Se isso não for possível, é porque o movimento pode estar demasiadamente rápido, para corrigir isso, vá mais devagar e gradualmente acelere a execução.

3ª técnica: *Drishti*

Consiste em fixar o olhar e manter a atenção. Os drishtís são fixações oculares em algum objeto ou forma, geralmente usado como técnica de concentração. O drishtí também pode ser usado como uma variação de trátaka, com o objetivo de promover a purificação dos globos oculares. Quando utilizamos, apenas, o nome *Drishtí*, a ideia central é estimular a concentração. Segue os exemplos que podem ser praticados em uma seção de Yoga.

- *Naságra drishtí* (fixar o olhar na ponta donariz);

- *Bhrúmadya drishtí* (fixar o olhar entreas sobrancelhas).

Dhauti

A palavra *dhauti,* traduzida da língua sânscrita, sugere *limpar, lavar, purificar*. São ao todo quatro formas de *dhauti kriyá*. Na ordem são: *antara dhauti,* um conjunto de exercícios para limpeza dos órgãos internos; *dantadhauti,* constituem o conjunto de limpeza dos órgãos dos sentidos; *hrid dhauti,* apesar de ser traduzido como purificação do coração, ele também, atua sobre os órgãos internos, e *múla shodhana dhauti,* que consiste na lavagem do reto.

Nauli

Nauli ou *laulika* significa, do sânscrito, ondulação ou rolamento. É um dos exercícios de massageamento do reto abdominal, órgãos e vísceras mais funcionais das técnicas de Yoga, e pode ser associada a uma série de outras técnicas, que vão desde sua função básica de limpeza e purificação, como *kriyá,* até a combinação com os exercícios corporais, *ásanas*.

Consiste, basicamente, no massageamento por ondulações, utilizando os retos abdominais para estimular os órgãos internos contra a espinha dorsal, formando uma aparência côncava na parte baixa do tórax, fazendo as costelas ficarem em evidência. Esse massageamento, por meio das ondulações do reto abdominal, podem ocorrer da esquerda para direita e vice–versa. Assim como nas diagonais ou de cima para baixo e vice–versa.

O objetivo desse movimento é estimular o bom funcionamento digestório e de vários órgãos, provocando a limpeza das mucosas e a liberação de partículas acumuladas no sistema, que são fruto tanto de uma má alimentação a base de produtos alimentícios industrializados, excesso de alimento, quanto do processo natural de trabalho do organismo.

A realização desse exercício não é uma das mais fáceis. O nauli necessita da utilização de uma série de músculos internos, não visíveis, e que, geralmente, as pessoas não têm o hábito de usar no dia a dia.

Outra grande dificuldade enfrentada pelos praticantes iniciantes, é o da capacidade pulmonar. Pois o exercício inteiro é feito sem ar, em apneia vazia, *shunyaka*. Devido à grande pressão na caixa torácica, muitas pessoas começam com um tempo maior, cerca de 15 segundos, e com o cansaço natural, produzido pelo exercício, esse tempo cai para quase a metade, a cada tentativa.

Para aprender a fazer o *nauli* é preciso paciência, perseverança e constância diária na prática.

Os retos abdominais não giram, eles ondulam por meio da contração alternada de cada um, em separado, ora o reto abdominal direito ora o esquerdo.

Comece com 10 movimentos abdominais a cada ciclo, perfazendo um total de 50 movimentos, por sessão. Quando estiver mais treinado, aconselhamos que aumente gradualmente o número de ondulações, a cada ciclo, podendo fazer até cinquenta movimentos em cada *shúnyaka* (apneia vazia).

Não há um consenso quanto ao número de vezes que você poderá fazer por sessão. Há escolas que recomendam 1.500 contrações por ciclo de treinamento. Claro que essa é uma quantidade que com o tempo e constância da prática você conseguirá realizar. Para saber se você está fazendo certo, o exercício produz fadiga da musculatura abdominal e bastante calor. Isso produz uma definição incomum aos retos abdominais, deixando-os com um aspecto bastante harmonioso. O ideal é fazer o *nauli kriyá* todos os dias, durante a higiene matinal, após esvaziar os intestinos.

Antes de dar início à explicação do *nauli,* é necessário lembrar que a sua execução está diretamente relacionada com a prática do *uddiyana bandha* (expansão e recolhimento abdominal em harmina com a respiração, como explicado na seção sobre pránáyáma), que não é uma *kriyá*, mas sem dominar esse exercício o *nauli* não tem como ser feito.

Neti

Neti, em sânscrito, significa "isso não". Está, provavelmente, relacionado com a impressão que ele causa nos iniciantes, que tem que fazer água passar de uma narina para outra e, com um sentimento de aversão, às vezes pensa: *isso não, isso não*.

Neti kriyá é a atividade de purificação e limpeza das narinas, do excesso de mucosidade, acumulado nos seios nasais e frontais. Ela pode ser executada, segundo os textos clássicos do Yoga, com água, com leite, com *ghee* (manteiga clarificada) ou com uma sonda especial. Mas recomendo realizar, neste caso, como soro fisiológico, por questões mais genéricas de saúde.

É usado com frequência para combater a poluição dos centros urbanos e como preventivo contra sinusite, rinite, coriza, enxaqueca ou resfriado. E ainda estimula, segundo a tradição literária do Yoga, o *ájña chakra,* o que desenvolve a clarividência. Pode ser executado, diariamente, se for realizado com soro fisiológico.

Jala neti – limpeza das vias aéreas com soro fisiológico

1. Com o lôta (um tipo de bule pequeno).

2. Das mãos em concha, para as narinas, saindo por elas.

3. Das mãos em concha, para as narinas, saindo pela boca – *vyut krama*.

4. Da boca para as narinas – *shit krama*.

Jala significa literalmente, água. Para executar essa técnica purificadora utiliza-se um pequeno bule de cerâmica, plástico ou resina, que se chama *lôta*. É uma vasilha que contém entre 200 a 300 ml, com um bico anatômico confeccionado para encaixar na narina. Ele pode ser achado em escolas de *Yoga* ou lugares especializados.

Aconselho usar soro fisiológico, caso contrário, use água filtrada com uma pitada de sal (o gosto é muito próximo da lágrima). O sal é para ficar mais próximo do pH da mucosa nasal, à proporção de cinco a seis gramas de sal, por litro, o que representa um pouco menos que a concentração do soro fisiológico, ou uma colher de sobremesa de sal, para um litro de água. Aqueça o soro fisiológico ou a água até que ela fique morna (para saber se a temperatura está adequada, depois de aquecer, coloque o dedo na água, é como se você não sentisse sua temperatura, pois ela precisa estar próxima a temperatura do corpo). Se a água estiver pouco ou demasiado salgada, você poderá sentir uma leve ardência no início dos seios nasais e, talvez, a consequente produção de lágrimas.

Os praticantes mais experientes podem utilizar água fria, se quiserem tonificar os vasos sanguíneos, esse procedimento melhora a circulação e evita hemorragias nasais.

Antes de iniciar o exercício lembre-se de que você só pode respirar pela boca, por isso, treine algumas vezes com o *lôta* vazio.

Encha o *lôta* com o soro fisiológico, aqueça um pouco no micro-ondas, fique em pé, com o tronco ligeiramente flexionado para frente, encaixe o lôta na narina esquerda, tomando o cuidado para vedar a narina esquerda completamente, para a água não voltar por esse orifício, no entanto não empurre nem permita que a narina se deforme. Respire profundamente pela boca e retenha o ar nos pulmões, incline a cabeça para o lado direito deixando a narina livre para baixo, de uma forma que a água entre pela narina esquerda e saia pela outra de forma natural e sem esforço. Eleve suavemente o *lôta* à medida que a água for terminando e só respire (pela boca) quando sentir que a água está passando para a outra narina. Deixe passar uma boa quantidade de água. O sucesso da operação está relacionado com a inclinação da cabeça, isso vai depender de você achar a inclinação ideal e você só consegue por meio do velho método de tentativa e erro. Mantenha a boca entreaberta e respire por ela. Às vezes, o soro desce pela garganta. Para cuspa e, então, continue o processo.

Quando terminar por uma narina, ao esvaziar o recipiente, deixe o tronco na mesma posição e **não expire forte**, a água sairá naturalmente. Basta deixar a cabeça baixa e o nariz voltado para baixo soltando o ar suavemente. Repita toda a operação para o outro lado.

Ao terminar o exercício todo, enxugue o excesso residual de soro e muco, nas narinas, utilizando um lenço de papel e, por final, expire devagar até sair o resquício de soro ou muco e, novamente, enxugue as narinas com um lenço de papel. Não é necessário apartar o nariz com o lenço querendo extrair mais secreção. Isso não limpa profundamente e, provavelmente, vai irritar ou machucar seu nariz.

Aviso importante: se você sofre de sangramentos nasais ou pólipos nasais consulte antes o seu médico.

Basti (Vasti)

Basti significa baixo abdome, colón, e compreende os vários métodos de purificação dos intestinos e órgãos genitais. O termo, *Basti* ou *Vasti*, sugere, também, dentro da técnica *Kriya*: clister medicamentoso, ducha higiênica, canudo anal de borracha (antigamente era um canudo de bambu).

Essa técnica promove uma limpeza integral do final dos intestinos, melhorando o sistema digestório como um todo. Consequentemente o bom funcionamento do organismo e o humor são beneficiados. Promove um considerável descanso aos rins, deixando a pele, os olhos e o cabelo com um aspecto muito melhor. Liberando o sistema imune para funcionar com melhor desempenho. Certamente contribuindo com um grande incremento de força e vigor.

Obviamente há um pequeno desequilíbrio na flora intestinal durante a lavagem, mas não constitui nenhum grande problema, pois ela se regenera constantemente. Beber iogurte ou coalhada resolve esse problema rapidamente.

Jala Basti ou Sukha Basti – limpeza do reto ecólon com água

Jala, como dito anteriormente, significa água. *Jala basti* é o nome que se dá à lavagem dos intestinos com água. Antigamente, no Yoga, essa técnica era realizada com a introdução de um pequeno tubo de bambu, no ânus.

Depois o praticante entrava no rio até a altura do umbigo e executava o *uddiyana bandha* que era o suficiente para a água passar pela abertura do bambu e penetrar os intestinos. Depois se executa o *nauli* diversas vezes para fazer uma limpeza profunda na região ou executa-se uma posição invertida até sentir forte vontade de evacuar e expele-se a água. Pode ser feita várias vezes até que a água saia bem limpa.

Muita gente ainda recomenda fazer essa *kriyá* num rio de águas limpas, só que o nosso problema atual não é nem a poluição, mas partículas que podem penetrar os intestinos e até pequenos caramujos que podem acabar causando esquistossomose.

Recomendamos que utilize o *flit enema* ou um clister que pode ser adquirido em farmácias e que já vem esterilizado e na proporção certa para uso. Ou então você mesmo pode preparar um enchendo um clister com uma quantidade que varia entre um a dois litros de soros fisiológico, água mineral ou filtrada, morna e salgada igual à usada no *jala neti* (a proporção é de um litro de água para uma colher de sobremesa de sal).

O ásana é uma obra de arte feita com o corpo. E para que a arte se manifeste e seja apreciada, o artista, o yogui, precisa esculpir sua obra de dentro para fora, do seu coração para o mundo. Assim, a arte, o ásana, se torna a expressão mais autêntica de seu artista.

8

ÁSANA – O TRONO SAGRADO DO CORPO E DA MENTE

O que são os *Ásanas* na visão contemporânea?

Originalmente, segundo a filosofia yogi, *ásana* é um conceito apresentado nos *Yogasutras* como o *"assento firme e confortável"* do eu mais autêntico ou do espírito. A tradução literal da palavra *ásana,* do idioma sânscrito, é *assento*, como o assento de uma cadeira, de uma almofada, ou na visão do Yoga moderno, posição do corpo em relação ao espaço. Mas para a tradição literária do Yoga, *ásana,* muitas vezes, é definido como uma construção mental para assentar o *Eu* mais autêntico no âmago do seu coração ou do sentido existencial de cada ser – o *Dharma*. Então, trazendo essa visão para a prática moderna dos *ásanas,* é produzir mental e/ou emocionalmente a mesma sensação de firmeza e conforto que temos ao se sentar numa cadeira, por exemplo, para que a natureza original do praticante se manifeste e se faça presente no mundo.

No Yoga moderno, portanto, a palavra *ásana* foi ressignificada e apropriada para estabelecer um conjunto de técnicas corporais a fim de reforçar a estrutura biológica do indivíduo, para que ele suporte o empuxo evolutivo da prática do Yoga até à sua meta, *Samádhi* (autoconhecimento) e, então, ao seu objetivo final, *Kaivalya* ou *Moksha* (libertação do sofrimento e das ilusões).

O personagem contemporâneo mais expressivo que professou esse conceito ressignificado do termo *ásana*, foi *Swami Kuvalayananda* (1883–1966), fundador do Instituto Kayvalyadhama de Yoga Científico em Lonavala, na Índia.

Qual foi a principal técnica que influenciou a prática moderna de ásana?

Foi a antiga arte do *Mallakhamb*. Conhecido também como *Korunta Yoga*. É um famoso esporte tradicional indiano em que o indivíduo executa posições físicas junto a um poste vertical de madeira ou corda. A palavra *"Mallakhamb"* é composta por *Malla,* que sugere um homem forte, e *khamb*, que significa poste. *Mallakhamb*, portanto, pode ser traduzido como *homem forte no poste.*

As primeiras referências ao *Mallakhamb* estão no clássico *Manas Olhas*, do século XII, escrito por Chalukya (1135 d.e.C.). No entanto o esporte ficou inexplicavelmente dormente por sete séculos. Foi trazido à modernidade por *Balambhatta Dada Deodhar* no século XIX, enquanto meditava nas qualidades naturais dos macacos, quando lhe ocorreu a história de *Mahabali Hanuman*, personagem citado no *Ramayana*, que possui uma forma meio homem e meio macaco, dotado de imensa força.

Quais são as principais características para execução do Ásana:

1. *Tapas*

Condição biológica para a execução do *ásana* como técnica corporal. Fisicamente trabalha–se com a geração de calor para potencializar o *ásana*. Ou seja, todo e qualquer exercício atua com a geração de calor para produzir energia, essa energia, por sua vez, anima a estrutura orgânica e potencializa suas funções como um todo. A vida é definida basicamente por calor, tanto, que ao perdemos esse calor essencial, morremos. O *ásana*, portanto, produz fisiologicamente uma condição favorável para que o indivíduo melhore sua condição física, que é sua principal estrutura para a meditação.

2. *Dhárana*

Dhárana sugere concentração. Nessa seção de treinamento, é a localização da consciência na execução do *ásana*. A capacidade de se concentrar sem dispersar. Isso garante o bom desempenho do exercício, melhora a performance, evita acidentes e acelera seus efeitos.

3. *Pránáyáma*

Respiração coordenada integrando ritmo e *bhandas* (contração e expansão). O respiratório correto em cada exercício favorece a boa oxigenação, logo, a circulação. Contribui no processo de reeducação do sistema respiratório que é o primeiro grande desafio físico ao praticante, melhora a capacidade pulmonar produzindo mais energia e disposição, estimula a concentração, diminui a possibilidade de lesões e favorece o bom desempenho físico.

4. *Manasika ásana*

Capacidade de mentalizar o *ásana*, produzir mentalmente os clichês necessários para que o corpo produza, fisicamente, características e condições favoráveis de amplitude e mobilidade, flexibilidade e alongamento, resistência e tônus, equilíbrio e concentração. A mentalização é responsável pela qualidade da execução dos *ásanas* e ajustes corporais. A finalidade é construir mentalmente o *ásana* desejado e então, potencializar fisicamente todas as condições para tal.

5. *Bháva*

Sugere o sentimento profundo na execução do *ásana*. Colocar o seu melhor ao fazer o que faz no justo momento em que faz. É a alegria sincera por estar vivo e presente no *ásana*, é como construir, naquele momento de permanência, uma escultura vivente com o próprio corpo, é agregar elegância e amor na estrutura do *ásana*, é buscar sua consciência mais profunda pela vontade que se apresenta no *ásana*. É expressar o *Dharma,* a verdade, fisicamente.

Como é a nomenclatura dos *ásanas*?

- Não existe um padrão convencional de nomenclatura;

- Como a prática dos *ásanas,* enquanto técnicas corporais, é um tanto recente na história do Yoga (cerca de 150 anos apenas, lembrando que o Yoga doutrinário, filosófico, tem mais de 2.500 anos), a nomenclatura e releitura do conceito *ásana* se formou a partir da experiência desenvolvida e ,então, sistematizada pelos seguintes personagens: *Swami*

Kuvalayananda (1883–1966), Swami Sivananda (1887–1963), Sri Tiru-malai Krishnamacharya (1888–1989) e, mais recentemente, *K. Pattabhi Jois (1915–2009) e B.K.S. Iyengar (1918–2014)* que eram parentes de *Krishnamacharya.*

- Cada escola tem sua própria terminologia;

- Haja vista que as escolas de Yoga contemporâneo foram desenvolvidas, recentemente, por professores com diferentes formações e, portanto, cada sistema com a sua própria terminologia, não há uma unificação, tão pouco, padrão no programa de treinamento dos *ásana*s no Yoga moderno. Mas certamente os termos e técnicas mais utilizados nas escolas de Yoga são os da linhagem de *Krishnamacharya*, por conta da quantidade de escolas existentes no mundo hoje em dia.

- Quase nenhuma escola respeita as regras sânscritas;

- Como o sânscrito, enquanto cultura, reúne um grande acervo de escolas de diferentes tradições e influências, não seria diferente dentro do Yoga uma falta de consenso quanto aos termos usados na transmissão das técnicas e conceitos. Não há uma convenção definitiva entre as escolas de Yoga e nem um colegiado que padronize esses termos. Há, atualmente, um movimento encabeçado pelo Primeiro Ministro Indiano, Narendra Modi, praticante de Yoga, no sentido de criar a primeira Universidade de Yoga da Índia. Reunindo os principais colegiados a fim de exportar ao mundo um tipo de Yoga que seja unificado e representativo da cultura hindu. Inclusive foi criado, na Índia, no dia 10 de novembro de 2014, o Ministério do Yoga, a fim de ajudar a divulgar a cultura do Yoga ao mundo. Mas até o momento não há uma resolução definitiva quanto a unificação dos colegiados de Yoga.

Porém, mesmo não havendo uma convenção comum a todas as escolas, os nomes dos *ásanas* são apresentados da seguinte maneira:

- *Prefixo* (Indica a variação da técnica);

- *Radical* (Apresenta a ideia geral ou caraterística do exercício)

- *Sufixo* (Nos informa a família, o tipo de técnica)

Em nossa escola adotamos a nomenclatura das escolas de *Swami Kuvalayananda* – fundador do *Kaivalyadhama Institute,* em Lonávala na Índia, em 1924. Que é um centro de referência e pioneiro em pesquisa científica e gerenciamento da saúde por meio do Yoga, e *Swami Shivananda* – médico de formação que abandona a aristocracia e riqueza para viver como um monge *yogi* que, entre muitas ações, reestruturou uma grande quantidade de templos ao norte da Índia, na região que é hoje conhecida como a capital do mundial do Yoga, *Rishikesh*, que haviam sido destruídos por bárbaros invasores ao longo da história da Índia. *Sivananda* foi, também, um dos maiores autores sobre Yoga no mundo, com centenas de livros publicados em diversos idiomas.

Mestres mais expressivos do Yoga postural e moderno

Swami Kuvalayananda
(1883–1966)

Swami Sivananda
(1887–1963)

Krishnamachárya
(1888–1989)

K. Pattabhi Jois
(1915–2009)

B.K.S. Iyengar
(1918-2014)

A sequência *Súrya Namaskár(a)* – Saudação ao Sol

Muitos dizem que a série de exercícios corporais, chamada *Súrya Namaskar*, remontaria à pré-história, quando o homem reverenciava *Sávitri*, o deus-Sol. Mas é evidente, como apresentado nas páginas anteriores, de que as práticas de *ásanas,* enquanto técnicas corporais, são muito mais recentes do que se imaginava até pouco tempo atrás.

Essa série de exercícios, para algumas escolas, é utilizada como uma preparação para o resto da prática de Yoga postural, sem ser exatamente um aquecimento. Consiste em um conjunto de *ásanas* que se fazem junto à respiração sussurrante ou sonora, *ujjayí pránáyáma*. Ao mesmo tempo, deve-se manter a parte inferior do abdômen levemente ativada, em uma variação sutil do *udiyana bandha*, somada à contração dos esfíncteres do ânus e da uretra nos movimentos unidos a expiração, *múla bandha*, e aos *drishtis*, as fixações oculares.

Se você não estiver familiarizado com essa prática, precisa tomar muito cuidado e pensar bem antes de tentar fazê-la, pois o perigo de se machucar é real. Portanto aproprie-se de cada técnica, isoladamente. Estude-as com profundidade e, então, sentindo-se seguro, integre-as formando a sequência propriamente dita.

Uma coisa muito importante é levar em consideração o alinhamento corporal em cada postura, para evitar distensões. A supervisão das práticas por um professor competente é crucial.

O objetivo da saudação ao Sol, basicamente, é sincronizar o movimento corporal com a respiração para gerenciar a saúde, aguçar a mente e a atenção. Isso ajuda a produzir um aquietamento das emoções e dos pensamentos, dessa maneira você se adequa para uma prática mais intensa e vigorosa. Ao mesmo tempo, a prática da *Saudação ao Sol* fortalece o corpo, potencializa a vitalidade e estimula o aquecimento e oxigenação sanguínea, produzindo uma sensação de leveza, energia e bem-estar.

Súrya Namaskar(a)

Comece em *pranamásana*, mantendo os pés unidos e as mãos em *anjali hasta mudrá*. Fixe o olhar na ponta do nariz, leve a consciência para os pés sentindo-se presente aqui e agora, e observe a respiração.

1. Inspirando, eleve os braços, fazendo um movimento de retroflexão acima da cabeça olhando para os polegares. Alongue-se verticalmente e tracione a coluna criando espaço entre as vértebras. Os dedos das mãos e dos pés devem estar alinhados, o corpo fica como uma corda esticada, crescendo em direção ao céu. Mantenha os ombros na mesma altura e, ao mesmo tempo, mantenha-os afastados da base do pescoço.

2. Exale flexionando o corpo à frente, fazendo *padahastásana*, com a cabeça em direção aos joelhos e o olhar na ponta do nariz. *Padahastásana* é uma postura de intenso alongamento posterior. Mantenha os joelhos levemente flexionados e as mãos no solo, ao lado dos pés.

3. Inspire levando a perna direita para traz em *sanshalanásana,* alongando as costas e empurrando os quadris para frente e levemente para baixo. Os dedos das mãos estão tocando o solo em *utita*.

4. Com ar, leve a perna esquerda para traz em *chatuspadásana,* olhando para a ponta do nariz e sustentando o abdômen ativado.

5. Exale e desça em *asthangásana,* focando a ponta do nariz, mantendo o abdômen ativado com energia e os esfíncteres do ânus e uretra contraídos.

6. Inspire elevando o tronco, fazendo *bujangásana*, a posição da *"naja"*. Coloque o olhar novamente no intercílio. Não solte o peso da cabeça para trás, mantenha o pescoço ativo, e ajuste a posição ativando os glúteos, quadríceps e abdômen. Os joelhos, coxas e pélvis ficam no solo. Preferencialmente sustente a postura em *kumbaka* (apneia cheia).

7. Exale descendo com o abdome ativado e, inspirando, eleve os quadris em *utthána chatuspadásana* ou *adho mukha svanásana*, a posição do *"cachorro olhando para baixo"*. Fazendo *nabhi drishti*, olhe para o umbigo. Permaneça nesse *ásana* durante duas ou três respirações. Empurre o chão com as mãos mantendo os dedos bem afastados. Estenda a coluna com vigor e force-a para baixo. Ative os ombros, costas e abdômen e alongue profundamente toda a musculatura posterior. Havendo dificuldade em estender forte a coluna, flexione levemente os joelhos e, então, empurre, com as mãos, o tronco para cima e para trás até sentir toda a coluna estendida. Mantenha o vigor, mas não produza dor.

8. Inspire trazendo a perna direita entre os braços a frente, em *sanshala-násana*. Olhe para o ponto entre as sobrancelhas em *bhrúmadhya drishti*.

9. Exale trazendo a perna esquerda para frente, flexionando o tronco em *padahastásana*e olhando para a ponta do nariz mantendo os joelhos levemente flexionados sem dar a máxima extensão.

10. Inspire elevando o corpo juntamente aos braços paralelos e a frente, segure o abdome ativado durante o movimento, e olhando os polegares execute uma suave retroflexão ativando os glúteos. Mantenha a espinha estendida. Encerre exalando e trazendo as mãos em *anjali hasta mudrá* a frente do coração.

11. Faça a mesma sequência observando a mobilidade do corpo descrita nos marcadores numéricos anteriores, de 1 a 10, porém, agora, recuando e, depois, avançando a perna esquerda para fechar um ciclo.

Súrya Namaskar(a) – A Saudação ao Sol

1. Pranamásana 2. Arda Chakrásana 3. Padahastásana 4. Sanshalanásana

  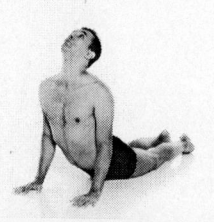 

5. Chatuspadásana 6. Ashtangásana 7. Bujangásana 8. Uttana Chatuspadásana

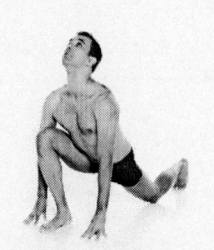   

9. Sanshalanásana   10. Padahastásana   11. Arda Chakrásana   12. Pranamásana

Quantas vezes devo praticar?

Algumas escolas praticam 108 vezes, como uma espécie de "iniciação" ou disciplina plena. Todavia, sendo praticante iniciante, não sugiro essa quantidade extrema de repetições. Faça, então, 9 vezes, que equivale a soma de 1 + 8 do número 108, considerado mágico no hinduísmo. Justamente para que você não se lesione. Comece aos poucos, preocupando-se, em cada postura, com ajustes finos a conscientes. Assim, certamente, você se apropriará melhor da sequência e seus benefícios. Portanto posso afirmar que não há número mínimo ou máximo de repetições. O ideal é praticar até produzir uma sensação de calor que anime todo o organismo. Esse calor, nasce no plexo solar, no meio do peito, e tende a se esparramar por todo o seu corpo. Pratique, também, harmonizando a respiração com os movimentos. Esteja concentrado no que está fazendo e, seguramente, produzirá muita energia e entusiasmo. Como regra geral, sobre como respirar, lembre-se:

Todo movimento para cima é feito com ar e/ou inspirando. E todo movimento para baixo é feito sem ar e/ou espirando.

Há uma prática básica de Yoga para quem está iniciando e que eu consiga fazer?

Sim. Temos uma prática que promove o equilíbrio dos principais aspectos funcionais do corpo e que qualquer pessoa que esteja, pelo menos, com saúde média consegue fazer sem grandes dificuldades. Essa prática chama-se *Súkha Sádhana (Súkha* = agradável, fácil, introdução, e *Sádhana* = prática, treinamento). Veja a sequência completa no encarte, ao final do livro, depois de aprender técnica por técnica com suas respectivas indicações, nas páginas seguintes. É importante que você se detenha por um tempo considerável, estudando e praticando, cada um dos exercícios que apresentarei no decorrer do livro. Assim você conseguirá se apropriar dos *ásanas* com qualidade de desempenho e sem correr o risco de se lesionar. Outro ponto muito importante: sempre que possível visite a Escola Dharma para praticar com a nossa equipe de professores e tirar suas dúvidas quanto a correta prática dos *ásanas*. Dessa maneira você progredirá muito rápido e com segurança nos exercícios.

Compreenda a importância do esforço, da constância da prática para que você produza bons resultados. Não há recompensas sem mérito. Não há mérito sem esforço. A prática do autoconhecimento requer disciplina e resiliência. Os *ásanas* são, nesta jornada, preciosas ferramentas de adequação do corpo e promoção de uma consciência mais afinada com a natureza humana. Um *ásana* é, em sua profundidade, uma escultura vivente. Uma obra de arte construída do coração para o mundo. É uma prece feita com o corpo. É a expressão da alma de seu artista e, em especial, o manifestar da vida em sua plenitude, que ocorre somente aqui e agora.

Pratique com alegria *(bháva)*. Se proponha ao auto estudo *(swadyaya)*. Mantenha a constância da prática *(tapash)* e, certamente, desfrutará da felicidade das flores *(samádhi)*.

Dhyanásanas – posturas para exercícios de concentração, meditação e treinamento dos respiratórios

Sukásana

Sente-se confortavelmente com as pernas cruzadas. Sendo a perna direita à frente da perna esquerda. Acomode-se sobre os ísquios, mantenha a coluna ligeiramente estendida, os ombros relaxados e as mãos descansadas sobre os joelhos.

Foto 1

Sanmanásana

Foto 2

Sente-se confortavelmente, como em suká-sana. Mantenha o pé esquerdo por dentro, com o peito do pé voltado para baixo e, ambos, na linha central do corpo. É preciso formar um apoio triangular – joelhos estáveis no chão e os ísquios bem acomodados.

Padmásana

Foto 3

A postura da flor de lótus é um ásana difícil de fazer e não recomendável para pessoas com problemas articulares ou patologias nos joelhos e/ou tornozelos. Consiste em colocar o pé esquerdo sobre a perna direita e o pé direito sobre a perna esquerda. Tradicionalmente a perna esquerda permanece sob a perna direita. Cuidado para não rotacionar o joelho ou sobrecarregar o tornozelo. É o roteador, osso que une o fêmur à bacia que gira, e não o joelho. E o pé, literalmente, descansa sobre a perna.

Existem muitas outras posturas para meditação, dependendo da tradição ou escola. Você pode, por exemplo, praticar a meditação e/ou respiratórios sentado numa cadeira, desde que firme confortável. Mantenha os pés afastados, firmes no chão e na largura dos ombros. Sente-se sobre os ísquios, mantenha a coluna ajustada, estendida, mas sem forçar. Os ombros ficam relaxados, favorecendo assim a descontração de todo o corpo e as mãos descansadas sobre as pernas. O importante é o assento mental, firme e confortável, o corpo pode ficar em qualquer posição desde que, também, estável e agradável, e sempre sentado. Não meditamos deitado, pois se assim o fizermos o corpo entende que desejamos dormir e, por consequência, rapidamente adormecemos. Lembre-se: meditação é sempre um estado consciente de atenção.

Ásana em pé, atenção plena no aqui e agora
(Conectando a consciência ao estado presente)

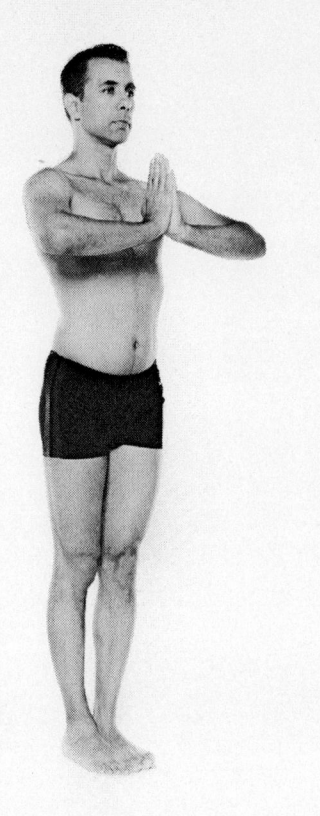

Foto 4

Pranamásana

A atitude de presença absoluta no mundo. Sentir-se parte do movimento initerrupto e natural que anima a vida tal como a conhecemos. Abrimos a prática dos ásanas nessa postura porque ela, simbolicamente, nos conecta ao estado presente, somente existente no aqui e agora. Não há futuro e nem passado, apenas o momento. *Pranamasana* é, primeiramente, uma construção mental, onde pensamos e alimentamos a ideia de que somos parte, como uma ingrenagem, do movimento (*prana*) que gerencia a existencia do Universo e, então, num segundo momento, prestar atenção em todo o seu corpo físico – aqui e agora.

Levar a consciência, como se passasse u m raio X, para as áreas do seu organismo que vão lhe chamando a atenção e, com isto, identificar os motivos desses alertas. Se são senssações agradáveis ou não. Sentir seu músculos, ossos, ação da gravidade, temperatura ambiente, pensamentos, respiração, nada escapa a sua atenção. É nesse momento, antes de iniciarmos a prática, que identificamos se o nosso corpo está devidamente pronto para o treinamento e, se houver algum problema percebido, treinar com a cautela necessária para evitar acidentes e, principalmente, converter fraqueza em força.

Foto 4A

Pranamásana requer a retidão da atenção no microcosmos se manifestando em seu íntimo. As mãos em prece representam a dualidade que se une para promover o equilíbrio. Neste momento, em *pranamásana*, não há dualidade. Há apenas a vontade perfeita em satisfazer a necessidade do equilíbrio, da tão essencial adequação entre corpo, mente e emoções. Isto é, desencadear o estado Yoga.

Yoga só é possivel a partir da constância do movimento que nasce e se mantém na cosnciência. O movimento em direção a expanção da própria consciência – *Samádhi* – a meta do Yoga.

Ásanas de extensão da coluna, em pé
(minimiza dores nas costas e rigidez muscular)

Foto 5   Foto 6

Tadásana (fotos 5 e 6)

É um excelente exercício para a saúde da coluna vertebral. Tonifica membros e elimina toxinas da musculatura. Ao elevar os braços é muito importante a máxima extensão dos cotovelos, ativando a musculatura. Veja nos exemplos de posições de mãos (fotos 7 e 8), qual maneira você consegue estender os braços sem flexionar os cotovelos. Ao realizar a técnica, produza o máximo de alongamento da musculatura lateral do tronco, abdome e perceba a coluna estendendo vigorosamente. O ideal é produzir uma sensação muito próxima a do espreguiçamento matinal. Gerando uma agradável descarga de energia na musculatura.

Foto 7   Foto 8

Após estender os cotovelos, ative a musculatura dos glúteos, quadríceps e abdome (exercendo uma leve contração nessas áreas) e, então, estenda os pés ficando apoiado bem no centro dos metatarsos (foto 7). Sinta que isso produz uma crescente sensação de calor que vai ativando e tonificando os principais grupos musculares do seu corpo. Permaneça, se for iniciante, de quatro a seis ciclos respiratórios. Se for praticante mais experiente, fique pelo menos por três minutos para potencializar os efeitos.

O máximo de permanência é o quanto você suportar. Desde que mantenha o vigor sem nunca produzir dor.

Ásanas de retroflexão, em pé
(favorece o desesclerosamento do tórax e melhora a oxigenação)

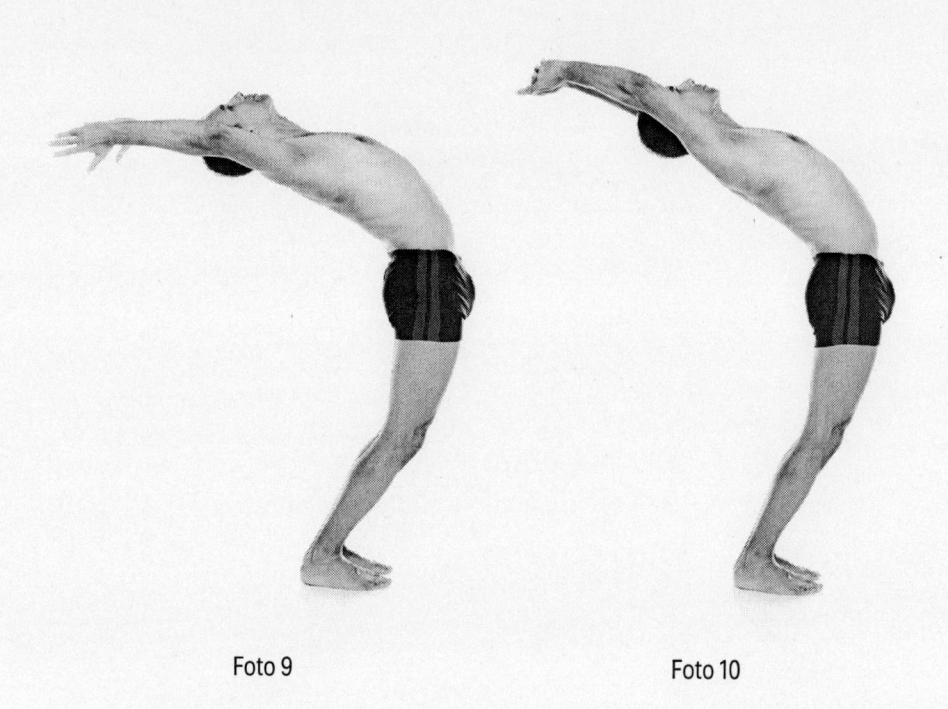

Foto 9   Foto 10

Arda Chakrásana

Inspirando, estenda os braços e coluna ao alto com bastante vigor e, depois, expirando, retro flexione mantendo os glúteos, quadríceps e abdome ativados até sentir a forte expansão e abertura torácica. Porém, não produza dor na região lombar. Ao fazer a retroversão da coluna procure manter toda a musculatura de apoio ao ásana ativada (dorsais, abdome, glúteos e quadríceps), a fim de proteger a coluna vertebral. Não tombe a cabeça para trás dos braços e, sim, leve os braços para trás das orelhas ou na linha delas. A cabeça permanece no prumo. Assim, preservando a cervical, você evitará vertigens que, sem essa atenção, pode produzir quedas e graves acidentes. Em qualquer técnica mantenha o vigor mais jamais produza dor! Este é um ótimo ásana para a saúde do seu coração, desesclerosamento da musculatura torácica e coluna, assim como quase todos os exercícios de retroversão. Caso sinta desconforto em realizá-la com os braços estendidos e separados (foto 9), faça como na foto 10, unindo as mãos em *kali mudrá* (dedos entrelaçados com os indicadores estendidos), ativando o abdome, glúteos, quadríceps e a região lombar, mantendo-a levemente estendida. Isso vai produzir uma sensação de sustentação maior e, consequentemente, preservando sua coluna.

Arda chakrásana, cuja tradução sugere: *arda* (força intermediária) e *chakrásana* (postura circular ou espiralada) tem um outro efeito bastante interessante, de natureza subjetiva, é o combate a timidez, a estados iniciais de depressão e a introversão emocional. Ela favorece a extroversão, o humor e a comunicação. É abrir o seu coração para o mundo. Se propondo a confiar e a acreditar. A constância dessa técnica lhe ajuda a ser mais autoconfiante e a não temer de forma pejorativa os desafios aos quais você se propõe a enfrentar.

Ásanas de anteflexão, em pé
(alivia dores nas costas e melhora a circulação nas pernas)

Foto 11

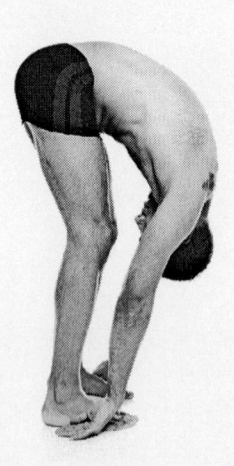

Foto 12

Padahastásana

Comece em pé, na vertical, com as mãos na cintura. Estenda a coluna e ativando a musculatura dorsal, flexione o tronco preservando as costas (foto 11). Assuma uma atitude física como se alguém puxasse suavemente o seu quadril para trás e, ao mesmo tempo, puxasse sua cabeça para frente. A ideia é alongar fortemente a parte posterior das pernas (*uttanásana*) sem agredir a coluna. Depois de um a dois minutos, preferencialmente, de forma descontraída e sem nenhuma tensão, flexione levemente os joelhos, relaxe os braços, ombros e cabeça, e deixe a curvatura das costas acontecer livremente, permitindo que o peso dos braços puxe o tronco com suavidade para baixo.

Leve o peso para os dedos dos pés para abrir espaço na região lombar e produzir uma sensação ainda mais agradável no seu corpo, foto 12 (*súkha padahastásana*). Depois de um ou dois minutos, descontraído na posição e respirando normalmente, pegue os dedões dos pés (foto 13), estenda a coluna, eleve a cabeça e exija mais da musculatura posterior das pernas, porém, preservando as costas e sem produzir dor. Segure por alguns instantes e, por último, dando a força máxima, mas sempre respeitando os limites do seu corpo, segure os tornozelos e puxe o tronco para baixo, aproximando os ombros dos joelhos, que estão levemente flexionados a fim de proteger a coluna, foto 14 (*raja padahastásana*). Essa técnica alivia a tensão lombar e alonga toda a parte posterior do seu corpo. Favorecendo o tônus e a circulação.

Foto 13

Foto 14

Ásanas de equilíbrio, em pé
(melhora a locomoção, a estabilidade e a equanimidade mental)

Foto 15

Vrikshásana (foto 15)

Mantenha a consciência no pé de apoio. Sustente o abdômen levemente ativado e foque a atenção num ponto fixo à frente. Quando ficar
fácil fazer essa técnica com os olhos abertos é sinal de que você melhorou
o equilíbrio! Portanto, agora, feche os olhos e sinta a diferença. Preste
atenção em cada parte do pé de apoio. Sinta ele buscando referências,
juntamente ao resto do corpo, para estabelecer o equilíbrio. São ótimos
para a locomoção e para quem gosta de correr. Pois melhoram a firmeza
da passada e a estabilidade, favorecendo as funções dos pés. Você pode
se propor a desafios maiores, executando as variações de *vrikshásana* e
outras técnicas de equilíbrio a seguir. É importante a permanência para
que se conquiste os efeitos. Como se trata de uma técnica bilateral, o lado

que você tiver menos equilíbrio é o lado que você precisa praticar por mais tempo. A fim de, justamente, balancear o organismo. Por exemplo: se ficar por dois minutos no lado mais favorável, fique, então, quatro minutos no lado com menos equilíbrio.

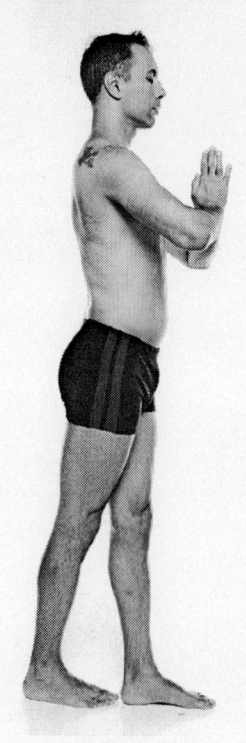

Foto 16

Prathanásana (foto 16)

Coloca-se um pé na frente do outro, alinhados, coluna estendida, queixo paralelo ao solo e as mãos em *anjali mudrá*. Fecha-se os olhos, mantenha o peso corporal igualmente distribuídos nos dois pés e a respiração natural e consciente. Esse exercício deve ser realizado com os olhos fechados, sempre. A dificuldade de fazê-lo, sem o auxílio da visão, ocorre pela inibição de parte da ação dos labirintos, condicionada a trabalhar sob a ação dos olhos abertos e, então, quando se fecha os olhos e busca a estabilidade, a musculatura, obrigatoriamente, sinapseia mais para regular a falta do estímulo visual na regulação do equilíbrio. Esse exercício, aparentemente simples de fazer, é muito poderoso para regular a estabilidade e, então, o equilíbrio. Mas não se engane, ao realizá-lo você perceberá que é bastante difícil permanecer estável por um período de tempo satisfatório (cerca de três minutos de cada lado). Repito que é crucial fazer o *pratanásana* com os olhos fechados. Só assim ele produzirá os efeitos desejados na melhora do senso de estabilidade, ajuste da passada e preservação dos pés, pernas e coluna durante o ato de caminhar ou correr.

Outros exercícios para aprimorar a estabilidade e o equilíbrio, com graus maiores de dificuldade.

Arda Vrikshásana
Foto 17

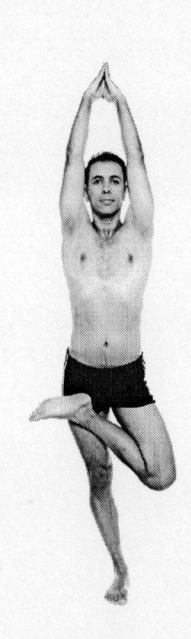

Arda Vrikshásana
Foto 18

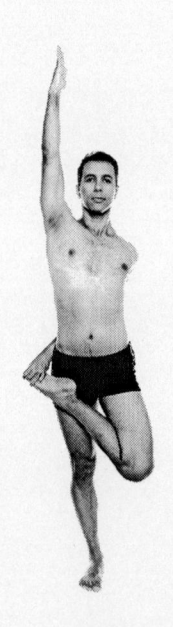

Arda Vrikshásana
Foto 19

OS EXERCÍCIOS DE EQUILÍBRIO, PRATICADOS A MÉDIO E LONGO PRAZO, CORRIGEM A PASSADA E AJUDAM A PRESERVAR A SAÚDE DOS PÉS, PERNAS E COLUNA.

Súkha Prasárana Ekapádásana
Foto 20

Raja Vrikshásana
Foto 21

Outros exercícios para aprimorar a estabilidade e o equilíbrio, com graus maiores de dificuldade.

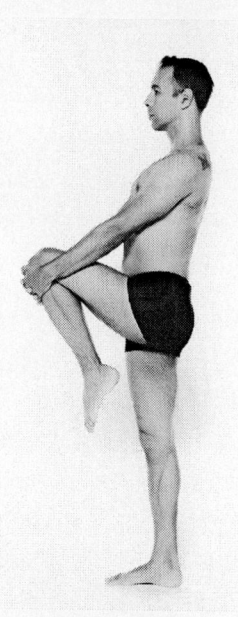  

Súkha Jánúrdhwa Sirshásana
Foto 22

Arda Jánúrdhwa Sirshásana
Foto 23

Raja Jánúrdhwa Sirshásana
Foto 24

Natarajásana
Foto 25

Virabhadrásana III
Foto 26

TODA TÉCNICA DE EQUILÍBRIO TEM POR PRINCÍPIO APRIMORAR A ESTABILIDADE E AS FUNÇÕES DOS PÉS E, POR FINALIDADE, MELHORAR A LOCOMOÇÃO.

Ásanas de lateroflexão, em pé
(promove o ajuste postural e a melhora da mobilidade corporal)

Trikonásana (foto 27)

Podemos entender a palavra *trikonásana* como aquilo que nos chama a atenção para observar três *(tri)* lados ou cantos *(kona)*. Refere-se, essencialmente, a áreas de atuação no organismo. Há várias maneiras para realizar as later flexões, com graus específicos de dificuldade e aplicabilidade. Mas alguns pontos são comuns a todas as possibilidades. *1. Escolha possibilidades que não agridam o seu corpo (que produzam dor ou desconforto demasiado); 2. Ao inclinar para a lateral mantenha as cristas helíacas e ombros alinhadas com as pernas; 3. Sustente a postura usando mais a musculatura do que os membros de apoio*. Esse grupo de treinamento tonifica as costas e abdômen. Melhora as funções hepáticas e renais. Consome a adiposidade abdominal e corrige pequenos desvios posturais. Como se trata de uma técnica bilateral, priorize um tempo maior de permanência no lado que você tenha maior dificuldade.

Foto 27

Raja Trikonásana (foto 28)

Partindo da postura com o tronco estendido na vertical, ao mesmo tempo, flexione e torça utilizando a musculatura do tórax e não, somente, a alavanca com os braços e mão no tornozelo. Mantenha o alinhamento do tronco com a perna e aproxime a cabeça do joelho. Essa técnica diminui a fadiga nos músculos dorsais, massageia os órgãos abdominais e alonga a musculatura posterior da perna. Estimula-se os rins e o bom funcionamento dos intestinos. Ao ajustar o ásana, comece suave, respirando normalmente, localizando a consciência nas áreas que lhe chamarem a atenção e na medida em que você sinta o seu corpo se adequando, vai aos poucos exigindo mais de sua musculatura. Mantenha o vigor, mas nunca produza dor. Guarde bem essa regra!

Foto 28

Outros exercícios de lateroflexão para ajustar a postura e tonificar a musculatura torácica, com graus variados de dificuldade.

Princípio – Súkha
Foto 29

Completo – Rája
Foto 30

Princípio – Súkha
Foto 31

Intermediário – Ardha
Foto 32

Intermediário – Ardha
Foto 33

Completo – Rája
Foto 34

Outros exercícios de lateroflexão para ajustar a postura e tonificar a musculatura torácica, com graus gradativos de dificuldade.

Súkha Trikonásana
Foto 35

Ardha Trikonásana
Foto 36

Rája Trikonásana I
Foto 37

Rája Trikonásana II
Foto 38

Rája Trikonásana III
Foto 39

Maha Trikonásana
Foto 40

Ásanas de torção
(Combatem o cansaço e a fadiga muscular)

Purnásana (foto 41)

Mantenha os pés cravados no solo. Braços paralelos ao chão e com os punhos fechados. Torça sem inclinar, flexionar ou relaxar a coluna utilizando toda a musculatura torácica. Ative levemente o abdome e mantenha a cabeça erguida com o queixo paralelo ao solo. Caso você tenha protusões na coluna, hérnias de disco ou outras patologias, recomenda-se no início da prática efetuar as torções sem a utilização de alavancas com os braços e/ou pernas. Que não é o caso dessa indicação, como na foto 41, mas sim, na foto 42. Portanto, visando preservar a coluna, havendo questões sérias de saúde nela, use somente, nas torções, a musculatura torácica para promover e sustentar a torção. Isso até construir um corpo mais forte e que permita exigências maiores no treinamento.

Foto 41

Foto 42

Matsyendrásana (foto 42)

Nessa variação de torção, usa-se, além da musculatura torácica, alavancas com os braços e pernas que exige ainda mais atenção para não sofrer lesões. Para executar a técnica, evite sobrecarregar os ombros, mantenha os ísquios bem assentados no chão, a coluna permanece na vertical, o queixo paralelo ao chão e a consciência presente na linha da torção identificando onde ela nasce, por onde percorre e onde termina. Não produza dor ou desconforto em sua permanência. Vigor sempre, dor jamais!

Nas torções, essencialmente, combatemos o cansaço físico, aliviamos as tensões e diminuímos a fadiga muscular. É um bom exercício para fazer perto do final de uma prática mais intensa, ajudando a produzir menor estresse muscular. Outro ponto importante é manter a consciência na coluna, percebendo como as vértebras reagem a sustentação da técnica. E à medida que você for se adequando ao exercício é possível avançar para graus maiores de dificuldade. A respiração permanece nasal, profunda e consciente. Na inspiração corrija a postura, ajustando a extensão da coluna mantendo os ísquios bem assentados no chão e na espiração, explore o avanço na torção. Observe-se com profundidade e vá com calma.

Outros exercícios de torção para combater o cansaço e melhorar a circulação nos órgãos abdominais, com graus evolutivos de dificuldade.

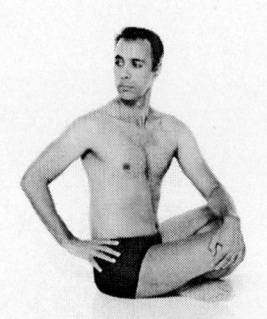

Súkha Matsyendrásana
Foto 43

Arda Matsyendrásana
Foto 44

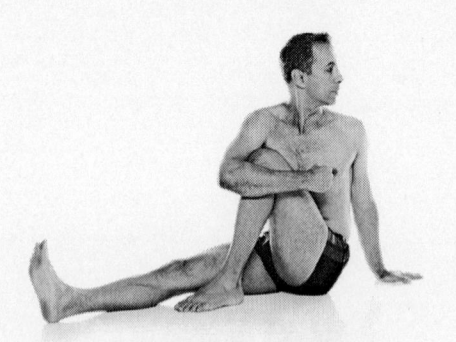

Súkha Matsyendrásana
Foto 45

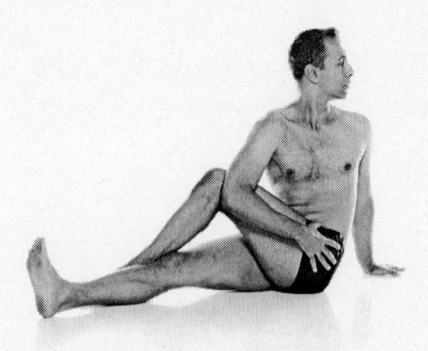

Arda Matsyendrásana
Foto 46

Raja Matsyendrásana
Foto 47

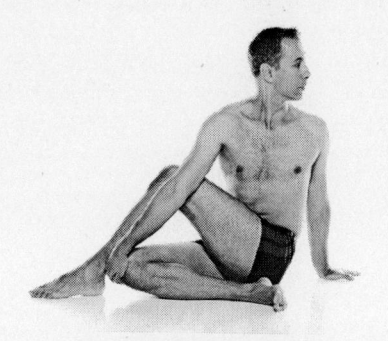

Maha Matsyendrásana
Foto 48

Hastinásana (fotos 49 e 50)

Deixe os pés paralelos, na largura dos ombros e bem cravados no chão. A coluna levemente estendida e os braços relaxados ao lado do tronco, como se fossem duas cordas penduradas. Mantenha o queixo paralelo ao solo e a cabeça, no prumo, acompanha o movimento do tronco. Rotacione o tronco de um lado e do outro produzindo o movimento a partir do centro do abdome. Deixe a sensação de descontração estender-se por todo o seu corpo. Os braços, bem soltos, embalançam com suavidade, ajudando a minimizar as tensões nos ombros, membros e toda a musculatura que responde ao movimento. Se você tiver algum problema nos joelhos, diagnosticado por seu médico, procure ao fazer o movimento, deixar os joelhos levemente flexionados e, ao girar para a direita, por exemplo, eleve suavemente o calcanhar esquerdo deixando esse pé e joelho soltos. Faça o mesmo pelo lado oposto. Isso ajudará a manter a integridade das articulações dos joelhos. Procure inspirar, pelas narinas, em três movimentos (três balanços) e expirar, também pelas narinas, em seis movimentos (seis balanços). Dessa maneira você balanceará o organismo sem ter que se preocupar com a coordenação motora associada a respiração. Este é um ótimo exercício para aliviar dores nas costas e minimizar as tensões que, muitas vezes, são produzidas quando se permanece longos períodos sem abrangência da mobilidade. Por exemplo, pessoas que exercem trabalho administrativo e passam horas na frente de um computador sem se mover.

Costuma–se usar essa técnica no início das práticas de Yoga para aclimatar o corpo, aquietar a mente e soltar a musculatura, estimulando, assim, a boa circulação no organismo. Se possível, não produzindo vertigem ou desiquilíbrio, faça a técnica com os olhos fechados e a consciência presente nas áreas, do seu corpo, que vão lhe chamando a atenção durante o movimento. Isso trabalha a melhora do senso de estabilidade e faz o organismo produzir sinapses que tornam os musculatura mais inteligente.

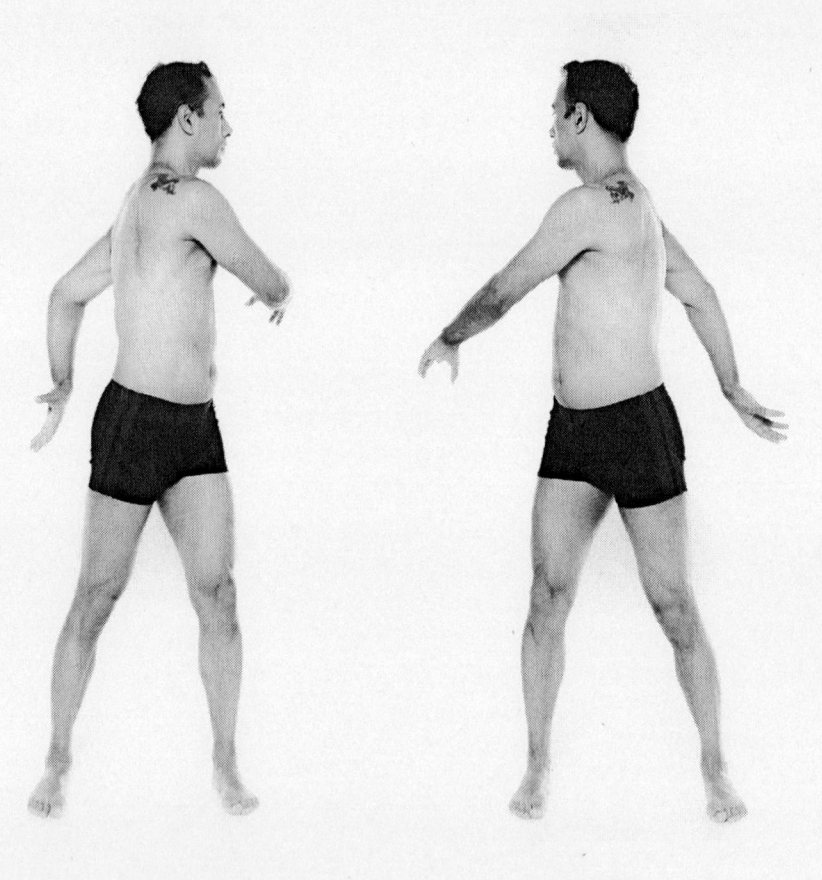

Foto 49   Foto 50

Ásanas para fortalecer as pernas, joelhos e pés
(Tonifica os membros inferiores e desenvolve a sensação de autossuficiência)

Foto 51   Foto 52

Janurásana (foto 51)

De frente para a perna a ser flexionada. Mantenha o pé frontal alinhado com o centro do pé posterior. Flexione o joelho, preferencialmente, 90º. Sustente o joelho, flexionado, alinhado com o tornozelo do pé da frente e sem oscilar para as partes lateral e medial. O pé posterior permanece bem cravado no chão, não levantando a parte lateral dele. Dessa maneira o joelho posterior estará firme e estendido. A permanência por alguns minutos (de preferência no mínimo três minutos) fortalece o joelho e tonifica a musculatura das pernas. Melhora a estabilidade corporal e, subjetivamente, trabalha a resiliência, a coragem e a autoconfiança. A respiração permanece normal e a consciência presente na musculatura e articulações solicitadas.

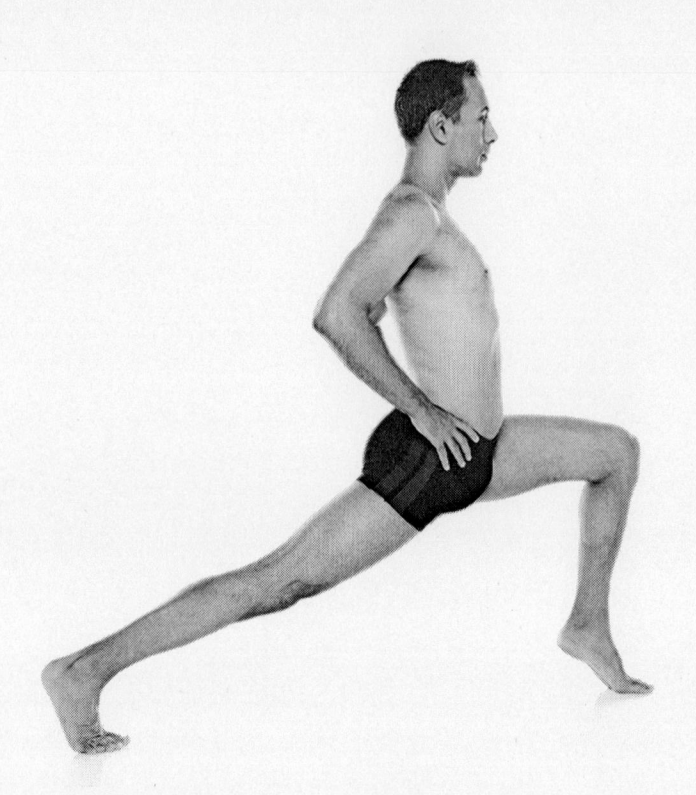

Foto 53

Pádaprasáranásana (fotos 52 e 53)

Essa técnica é muito parecida com *Janurásana*, que visa, basicamente, fortalecer os joelhos e a musculatura mais profunda das pernas. A diferença está na abertura pélvica, posição dos pés e encaixe do quadril. Para adequá-la, estende-se o joelho posterior, permanecendo com o metatarso bem firme no chão e empurrando o quadril para frente – ativando profundamente a musculatura. O joelho frontal, flexiona, não mais que 90º, e empurra-se o chão com pé anterior. Essa técnica e suas variações combinam força, estabilidade e resistência, e combatem a sensação de pernas cansadas e fracas. Fortalece os tendões e músculos mais profundos e melhora a resistência e a flexibilidade nos dedos dos pés. Na variação, foto 53, os dois metatarsos permanecem cravados no chão, trabalhando o equilíbrio, fortalecendo profundamente as panturrilhas e melhorando a resistência dos tornozelos. Isso contribui para uma melhora considerável da continuidade da tração sem perda de desempenho, tanto para andar quanto correr.

Foto 54

Virabhadrásana I (foto 54)

Partindo de *janurásana*, eleve os braços, lateralmente, una as mãos em *kali mudrá* ou em *anjáli mudrá* e estenda forte os cotovelos. Tombe a cabeça para trás, alongando a garganta e, fixando o olhar, *drishti*, dentro do espaço entre as mãos, inspire o mais fundo que puder e, quando seus pulmões estiverem cheios, insista em inspirar um pouco mais. Produza e sustente uma crescente sensação de calor. Essa técnica tonifica membros, desesclerosa a caixa torácica e contribui para a expansão da capacidade pulmonar, melhorando a oxigenação do organismo. Subjetivamente, partindo da característica mítica que confere nome ao *ásana* – *Virabhádra* – guerreiro da mitologia hindu, sua prática, aliada a mentalização das características guerreiras desse personagem, melhora a objetividade, o foco, a determinação e a coragem diante dos desafios cotidianos.

Foto 55

Virabhadrásana II (foto 55)

Saindo da técnica anterior, *virabhadrásana I*, acentua-se mais o centro de gravidade, abrindo o ângulo entre as pernas e estendendo, vigorosamente, os cotovelos, forçando os braços em direções opostas como se alguém puxasse os braços para os lados. Mantenha uma atitude de imponência, de confiança e determinação, com aa caixa torácica expandida. Preste atenção nas extremidades do corpo e mantenha o vigor. As mãos podem ficar para baixo, com os braços paralelos ao solo e o olhar na altura do horizonte. Porém, se os ombros doerem, mantenha as mãos voltadas para cima como na foto 55. Isso diminui a tensão nos ombros e possiblidade de lesões nessa região. A respiração é profunda, vigorosa e abdominal. Trabalhar com a respiração *Ujjaiy* (nasal e sonora) enquanto no *ásana* ajuda a manter o foco, aquece o sangue e produz uma sensação crescente de calor e força.

Foto 56   Foto 57

Foto 58   Foto 59

Parsvothanásana

Esse *ásana* exerce um excelente desempenho no alongamento posterior das pernas, bem como, alívio na região lombar. Para executá-lo, observando a sequência de fotos acima, estenda primeiro os joelhos e flexione o tronco mantendo a coluna protegida e estendida, para tanto, ative a musculatura dorsal, na fase de ajustamento do corpo (foto 56).

Mantenha as cristas helíacas paralelas ao solo e o quadril firme, sem girar. A permanência na técnica proporciona forte alongamento posterior da perna anterior. Alivia a tensão na região da bacia e tonifica os tendões do tornozelo e pé. Na outra variação, foto 57, você pode apoiar as mãos sobre os joelhos exercendo uma leve pressão para poder estender a coluna com mais facilidade evitando dores na coluna pela falta de resistência na musculatura dorsal. Os joelhos não podem doer. Portanto pressione eles com suavidade apenas para ter um leve apoio, mas a força principal de sustentação continua na musculatura dorsal e abdominal.

Na variação apresentada na foto 58, una as mãos em *anjali mudrá* (mãos em prece) nas costas, na região torácica e, então, eleve as mãos pela coluna até ativar os ombros. Atuando no alongamento da perna anterior e tonificando os ombros. Já na última variação, foto 59, acentua-se a curvatura da coluna levando as mãos ao solo, aproximando a cabeça do joelho. Depois de permanecer por alguns minutos na técnica inicial, descrita anteriormente. Nessa variação, além de aprofundar o alongamento da perna anterior, alonga-se, também, a musculatura dorsal, massageia o abdome e alivia tensões na lombar e bacia. Recomenda-se não praticar essa variação final (foto 59) na iminência de hérnias de disco ou protusões na coluna vertebral. Se for este o caso, permaneça nas três técnicas anteriores (fotos 56, 57 e 58), com a coluna estendida e a musculatura dorsal ativada.

Foto 60

Sirangustásana (foto 60)

Partindo de *janurásana*, entrelace os dedos das mãos nas costas (procure manter as palmas das mãos unidas), estenda os cotovelos o máximo que puder, flexione o tronco aproximando a cabeça do dedão do pé (daí o nome, *shirangushtásana*, cuja tradução sugere colocar a cabeça no dedo do pé) e traga os braços para cima e para frente com bastante vigor, porém, sem produzir dor nos ombros. É um excelente exercício para fortalecer as pernas e tonificar as terminações nervosas dos ombros.

> CADA ÁSANA É COMO UMA ESCULTURA VIVENTE. UMA OBRA PRIMA DA NATUREZA DO ARTISTA — VIVER PELA GRANDIOSIDADE DE SUA OBRA. UM ÁSANA É, EM SUA PLENITUDE, UMA PRECE FEITA COM O CORPO QUE MATERIALIZA A ESSÊNCIA DE SUA ALMA. O ÁSANA É, SIMPLESMENTE, A VIDA PRESENTE EM SEU MAIOR ESPLENDOR.

Ásanas de equilíbrio sobre os dedos dos pés
(favorece o senso de estabilidade e melhora a amplitude articular das pernas)

Foto 61

Foto 62

Angusthásana (fotos 61, 62 e 63)

Postura sobre os dedos dos pés sugere, partindo de *pranamásana*, flexionar lentamente os joelhos, na ponta dos pés, afastando os joelhos e mantendo a musculatura das pernas ativada para não, se possível, estalar os joelhos. Equilibre-se nos dedos dos pés e aproximando ao máximo os joelhos do chão para as laterais. Esse *ásana* aprimora o senso de equilíbrio e estabilidade, melhora a amplitude do movimento dos joelhos e dedos dos pés, e desenvolve a resistência articular das pernas. É contraindicado para pessoas com lesões nos joelhos ou nos dedos dos pés.

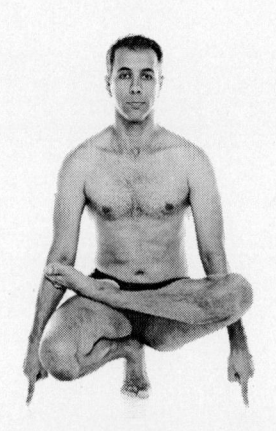

Foto 63

Na foto 61 temos a primeira possibilidade. Repouse as mãos sobre os joelhos em *jnana mudrá* mantendo os cotovelos e coluna estendidos, o queixo paralelo ao solo e a respiração fluindo normalmente. Se possível, permaneça com os olhos fechados e preste atenção na pulsação cardíaca, que pode ser percebida pela sensação tátil nas extremidades dos dedos polegares e indicadores. Desenvolvendo a concentração e controle da estabilidade. Na variação, foto 62, cruze os braços e eleve-os estendendo os cotovelos com vigor e unido as mãos palma com palma. Procure apertar as orelhas com os braços até sentir alongar os músculos laterais do tronco. Respire normalmente. Na variação, foto 63, temos *ekapáda angustásana*. Partindo de *vajrásana* com os metatarsos firmes no solo, coloque o peito de um dos pés sobre o quadríceps da perna oposta, e com a ajuda das mãos eleve os joelhos equilibrando na ponta de um dos pés. Aos poucos acentue o grau de dificuldade do exercício ficando na ponta dos dedos indicadores até poder elevar as duas mãos, unindo—as a frente do coração em *anjali mudrá* (mãos em prece).

Ásanas de abertura pélvica
(contribui para a saúde dos órgãos genitais e assoalho pélvico)

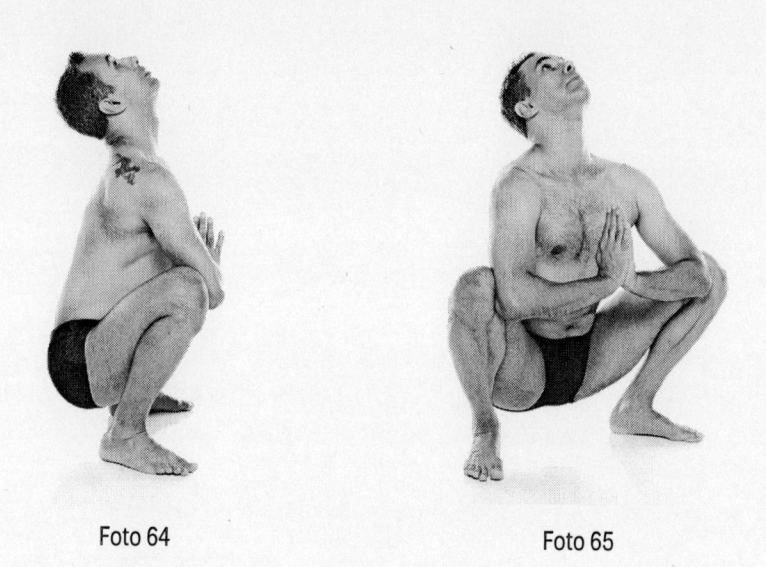

Foto 64

Foto 65

Foto 66

Upavesásana ou *Malásana* (fotos 64, 65 e 66)

Para executar essa técnica, comece em pé, afastando os pés um pouco para fora da largura dos seus ombros e, depois, mantendo os braços a frente, flexione os joelhos e, lentamente, desça até atingir o limite da flexão dos joelhos. Literalmente sente-se entre as pernas. Se por ventura você não conseguir descer sem elevar os calcanhares, que precisam estar fixados no chão, coloque algum calço sob os calcanhares. Pode ser aqueles bloquinhos de Yoga ou cobertores enrolados. O importante é apoiar os calcanhares como se houvesse um salto abaixo deles. Então, empurre a parte medial das pernas para fora com os dois cotovelos, na altura dos joelhos, com as mãos unidas em *anjali mudrá.* Ao inspirar estenda a coluna e com relativo vigor empurre as pernas para fora e, ao espirar, aproxime os ísquios do chão sem relaxar a extensão vertebral. Sua respiração é estritamente nasal e silenciosa, e durante toda a permanência mantenha a cabeça tombada para trás. Esse *ásana* é excelente para aliviar tensões lombares, melhorar a flexibilidade dos roteadores (junção do fêmur com a bacia), tonifica o assoalho pélvico e vitaliza os órgãos genitais.

Ao aplicar *upavesásana* é importante a constância do vigor nas áreas de atuação do exercício. Principalmente na região pélvica, principal área de atuação da técnica.

Há vários aspectos do gerenciamento da saúde associados a esse exercício. Mas certamente uma das melhores atuações percebe-se na melhora da mobilidade e circulação das pernas e energização (calor) da região pélvica. Potencializando a identidade biológica do indivíduo, a *kundalini.*

Bhadrásana (fotos 67 e 68)

A postura do virtuoso, como é conhecida, confere vitalização dos órgãos genitais, tonifica o assoalho pélvico, alivia as tensões na região lombar, melhora o alongamento e a circulação nos músculos mediais das pernas e a amplitude do movimento. Para realizá-la sente-se sobre os ísquios, una a planta dos pés, entrelace os dedos das mãos sob eles e puxe-os o mais próximo possível de você. Inspire estendendo a coluna e, ao mesmo tempo, force os joelhos para baixo (foto 67). Sinta que essa ação ativa a musculatura dorsal, medial das pernas e região pélvica. Segure por alguns minutos, respirando normalmente e sempre estendendo a coluna ao inspirar e forçando os joelhos para baixo ao expirar. Mantenha a firmeza da postura e, nos instantes finais, flexione o tronco, expirando, projetando a cabeça à frente e preocupando-se em manter a base da coluna estendida, acentuando a curvatura dorsal da região torácica (meio das costas) à cervical (pescoço). Os cotovelos podem permanecer sobre as pernas, ajudando a empurrá-las para baixo ou, a frente das pernas, aproximando a cabeça no solo ou pés. Nessa segunda variação, foto 68, da ante flexão postural, é possível permanecer por um período maior desde que não seja desconfortável. Assim, isso produzirá uma sensação bastante agradável, favorecendo as costas e a região pélvica.

Badrásana é um excelente tônico para a saúde dos órgãos genitais. Alguns estudos realizados pelo *Kaivalyadhama Institute,* na índia, comprovaram que essa técnica melhora o desempenho sexual, previne problemas de próstata nos homens e diminui a frigidez nas mulheres.

* Localizado em Lonavala, na Índia, o Kaivalyadhama Institute foi fundado por Swami Kuvalayananda, a mais de 100 anos, e é um centro de referência em pesquisa científica sobre os efeitos do Yoga na manutenção da saúde.

Foto 67 Foto 68

Ásanas musculares
(Tonificam o sistéma locomotor e proporcionam ganho de força)

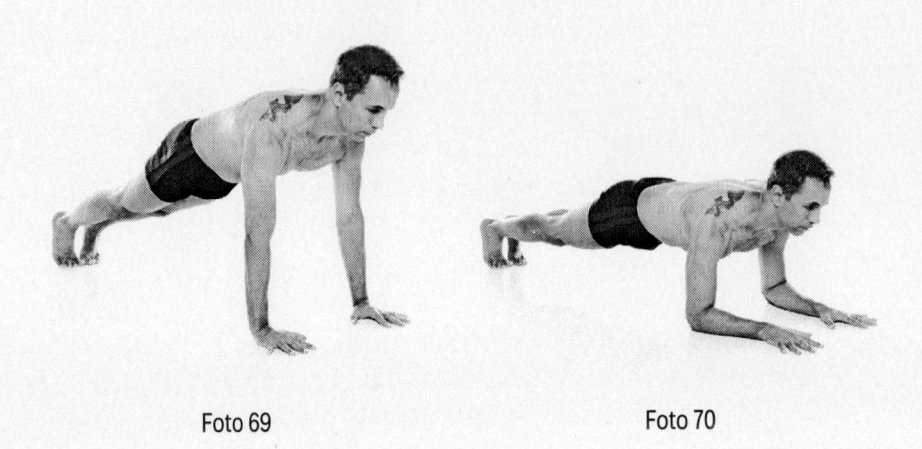

Foto 69   Foto 70

Chatuspadásana (fotos 69 e 70)

Apoie–se nos quatro membros mantendo as mãos sob os ombros e as pernas afastadas na largura dos quadris. Mantenha os dedos das mãos bem afastados, force–os para baixo como se fossem garras e empurre o chão com as mãos aproximando as escápulas e ativando os músculos dorsais e abdominais. A cabeça permanece no prumo. Outra forma de se praticar o *chatuspadásana* é manter os dois antebraços como apoio, veja foto 70, caso os braços e/ou mãos não suportem a carga de permanência e, como na técnica anterior, foto 69, empurre o chão com os antebraços, aproximando as escápulas e ativando os músculos dorsais. Mas é importante, mesmo que seja difícil procurar permanecer com as mãos como apoio, treinar a permanência para fortalecê–las. Apoios variados podem ser usados para favorecer outras áreas de suas mãos, como os exemplos a seguir, fotos 71, 72 e 73. Esse treinamento muscular fortalece os membros, costas e abdome. Melhora a resistência e oxigenação muscular e favorece a saúde da coluna. Evite fazer se você sofre de problemas cardíacos.

Outros apoios de mãos para realizar os *ásanas* musculares.

Foto 71

Foto 72

Foto 73

Foto 74

Foto 75

Foto 76

Ashtangásana (foto 76)

Nessa muscular distribuímos o peso corporal, igualmente, em oito apoios (*ashtanga)*, sendo nos pés, joelhos, peito, mãos e queixo ou nariz. Comece como na foto 74, *chatuspadásana*, com os pulmões cheios e empur- rando o chão com as mãos, ativando as costas e aproximando as *escápulas. Depois, lentamente, apoie os joelhos no solo, foto 75, e, espirando bem devagar, desça flexionando os cotovelos, mas sem abri-los para as laterais, até tocar o peito e o queixo no solo, igualmente. Segure em apneia vazia, *shunyaka,* sustentando o abdome recolhido o máximo que puder. Inspire subindo ativando toda a musculatura de forma a manter a coluna estendida e o tronco firme e, novamente, espirando, desça lentamente. Repita a série, no mínimo, oito vezes. É muito importante harmonizar a respiração com a execução da técnica. Lembre-se da regra geral: todo movimento para baixo é feito espirando e/ou com os pulmões vazios, e todo movimento para cima é feito com ar e/ou com os pulmões cheios.

Para potencializar ainda mais o ganho de força, resistência e capaci- dade pulmonar faça a técnica em quatro estágios, sendo: 1º estágio – segure em quatro apoios, *chatuspadásana,* com os pulmões cheios o máximo possível; 2º estágio – repouse os joelhos no solo e, então, flexionando os cotovelos, leve o peito e o queixo ao solo espirando lentamente; 3º está- gio – permaneça em oito apoios, *ashtangásana*, foto 76, mantendo toda a musculatura dos membros e tronco ativada, em apneia vazia, o máximo que puder; 4º estágio – inspirando lentamente eleve o tronco estendendo os cotovelos e joelhos retornando aos quatro apoios, foto 74, *chatuspadásana* e permaneça em apneia cheia o máximo possível. Repita a série, se possível mais sete vezes.

Você também pode praticar esse exercício utilizando a respiração quadrada com o tempo que desejar. Associando cada estágio da respiração a um estágio da aplicação do *ashtangásana*. Respeitando a regra geral da respiração, descrita anteriormente.

As escápulas são dois ossos grandes, localizados na porção póstero-superior do tórax, que juntamente à clavícula forma a cintura escapular ou espádua, permitindo a união de cada membro superior ao tronco.

Tripadásana (fotos 77, 78, 79 e 80)

São os exercícios de fortalecimento muscular com três apoios, com graus diferentes de dificuldade. *Tri* = três; *Pada* = membros. Ao assumir a postura procure distribuir o peso corporal igualmente nos três membros apoiados e mantenha a consciência na musculatura mais solicitada que atuará como o "quarto apoio". É um excelente trabalho de aprimoramento da consciência corporal, de fortalecimento e ganho de força e tônus.

Foto 77   Foto 78

Foto 79   Foto 80

Na variação, foto 77, estenda vigorosamente os joelhos e force a perna elevada para trás. Mantenha a cabeça erguida, olhando a frente, empurrando o chão com as mãos, forçando as pontas dos dedos das mãos para baixo. Ativando as costas e abdome com vigor. Na variação, foto 78, empurre os quadris para cima e para trás até ativar a musculatura dorsal. Procure cravar o calcanhar de apoio no chão sem mobilizar a coluna. O pé, da perna elevada, pode permanecer flexionado, sustentando a musculatura da perna presente. Abra bem os dedos das mãos como se eles fossem raízes. Ancorando o corpo. Na variação, foto 79, crave os metatarsos no chão, eleve um dos braços e estenda forte o cotovelo, como se puxassem seu braço para frente. Mantenha a cabeça no prumo e ative os músculos do tronco para compensar a falta de apoio do braço que está elevado. Na última variação, foto 80, aproxime o máximo possível o joelho da perna elevada de sua cabeça que, também, vai de encontro a perna. Sinta que seu abdome é fortemente solicitado. Use os músculos das costas e ombros como se essa musculatura estivesse envolvendo as costelas e vindo para frente. Confira grande vigor em sua permanência. Lembre-se que toda técnica bilateral precisa ser praticada de ambos os lados. Priorize um tempo maior de permanência no lado que você tiver maior dificuldade. Isso ajudará a equilibrar o tônus na musculatura.

Foto 81

Foto 82

Foto 83

Bakásana (foto 83)

É uma técnica muscular bastante desafiadora que tonifica os músculos dorsais e membros superiores e fortalece, principalmente, a região lombar. É também um excelente exercício para ajudar a minimizar qualquer tipo de medo. Isto é, por sua característica desafiadora que lhe obriga a enfrentar o medo da queda até à sua conquista, seu treinamento favorece, de uma forma subjetiva, a cultivar virtudes como perseverança, resiliência e autoconfiança. Isso ajuda, e muito, a gerenciar os diversos tipos de medos que sem treinamento adequado, no sentido de controlá-los, tendem a controlar nossos pensamentos, palavras e ações.

Para realizá-la primeiro apoie os joelhos sob os ombros ou o mais próximo deles que puder, foto 81. Isso irá favorecer o encaixe dos membros e facilitar a execução da técnica. Depois, apoie as mãos no chão na largura dos seus ombros e com os dedos bem abertos, forçando-os para baixo, empurre o chão aproximando as escápulas e ativando os músculos dorsais e abdominais, foto 82. Pois é com a musculatura das costas e abdome que você sustenta o *ásana,* e não somente com os membros superiores. Mantenha a cabeça erguida e projete o peso corporal para frente e não para baixo, caso contrário, você perderá o equilíbrio e, provavelmente, cairá. Mas não se preocupe caso você não conseguir fazer esse exercício de imediato. Ele é um tanto difícil e, às vezes, caímos mesmo. Portanto ínsita, resista e conquiste! Dê o seu melhor sempre e, certamente, chegará onde deseja!

Outra dica importante é fazer o exercício com os pulmões cheios. É mais fácil solicitar a força muscular com ar. Isso lhe proporciona mais oxigênio e resistência. Depois que você conseguir ficar na postura, sem cair, é hora de treinar a permanência respirando normalmente. Quanto mais ficar mais forte se tornará! Mantenha o vigor, mas não produza dor.

Foto 84

Foto 85

Foto 86

Kakásana (foto 86)

Compreendida como a *Postura do Corvo*, é uma técnica muscular similar a anterior, *bakásana*. Algumas escolas, inclusive, chamam as duas técnicas pelo mesmo nome, *kakásana* ou *bakásana*. Em nossa escola atribuímos nomes e condutas diferentes para ambas as técnicas, afinal, são dois exercícios diferentes com sensações e nomes diferentes. Para realizá-la, primeiro, afaste os braços, lateralmente, além da largura do seu tronco abrindo bem os dedos das mãos e, então, trave os joelhos por fora dos ombros, como apresentada na foto 84. Depois, como em *bakásana*, empurre o chão com as mãos, aproxime as escápulas e ative a musculatura dorsal, foto 85. Nessa postura é mais fácil produzir a sensação de estabilidade e resistência muscular mínima para permanecer por algum tempo, preferencialmente por alguns minutos. Mantenha a cabeça erguida e projete o peso corporal para frente a fim de não perder a estabilidade e cair, foto 86. Como toda muscular, é sempre melhor executá-la com os pulmões cheios até dominá-la completamente e, então, poder respirar em sua permanência sem grande esforço. Os efeitos são, basicamente, os mesmos de *bakásana*. Porém, como há uma abertura maior do ângulo entre os braços, a técnica trabalha o fortalecimento da musculatura superior e frontal do tórax e das articulações dos braços, haja vista a continua flexão dos cotovelos. É possível fazer flexões de braços nessa posição caso esteja estável sua permanência.

Em *kakásana* o medo de cair é menor, comparada ao *bakásana*, pois você está mais próximo do chão e os encaixes entre pernas e braços lhe dão uma sensação maior de estabilidade. Mas se ainda sim o medo persistir, vá tranquilo conquistando a confiança aos poucos. Primeiro estabilize percebendo que o peso corporal vem, aos poucos, para os braços. Depois fique na ponta dos pés, eleve bem a cabeça, projete o tronco levemente para a frente e tire um pé, apenas, do chão. Isso via lhe dando confiança até poder tirar o outro do pé do chão.

Outras variações de *kakásana* e/ou *bakásana* com graus maiores de dificuldade

Foto 87

Foto 88

Foto 89

Na foto 87 temos uma variação de *ekapada kakásana*. Para aplicá-la primeiro sente-se com os joelhos flexionados a frente, cruze uma das pernas sobre a outra colocando o tornozelo sobre o quadríceps, acima do joelho, de forma a deixar o peito do pé livre. Depois, passe o braço oposto da perna cruzada sobre ela e encaixe a planta do pé no tríceps desse mesmo braço e, então, com a ajuda das mãos eleve o tronco ficando apoiado no chão com a perna que não foi cruzada e, aos poucos, transfira o peso corporal para os braços até poder suspender o corpo como na foto 87.

Nessa outra variação de *kakásana* comece de pé com os calcanha-res próximos um do outro. Flexione o tronco passando os braços entre as pernas de forma a aproximar os ombros dos joelhos. Escolha um apoio de mãos atrás das pernas e mantenha o tronco flexionado a frente. Ative toda a musculatura abdominal, empurre o chão com as mãos e eleve as pernas. Podendo cruzar os pés como na foto 88 ou estender os joelhos se a flexibilidade permitir.

Nessa última variação de *ekapada kakásana* fique com as pernas unidas, joelhos flexionados até o seu limite máximo e, literalmente, esteja sentado sobre a planta dos pés. Depois passe um dos braços sobre a perna oposta até encaixar o cotovelo na parte lateral do joelho. Note que as mãos estão na largura dos ombros e, então, vai aos poucos elevando o tronco e, ao mesmo tempo, passe o pé da perna que está apoiada para trás da perna oposta, ficando na ponta dos pés. Gire o quadril para cima, empurre o chão com as mãos e, aos poucos, ouse em tirar os pés do solo, estendendo por último o joelho oposto a perna apoiada, como na foto 89.

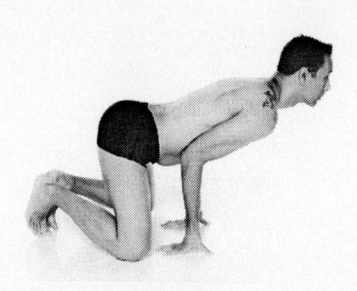

Foto 90

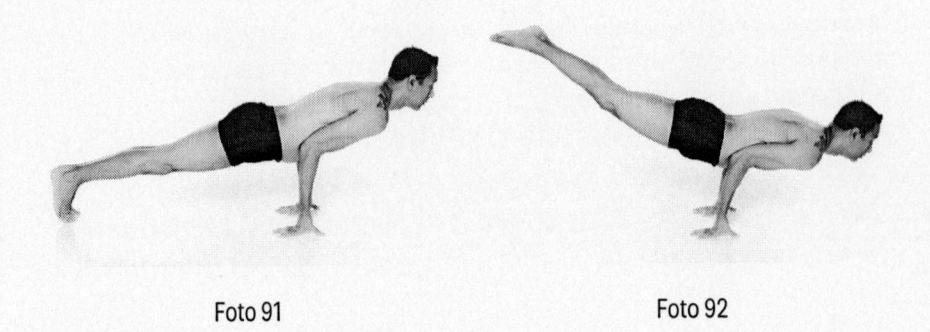

Foto 91   Foto 92

Mayurásana (fotos 91 e 92)

Conhecida como a *Postura do Pavão,* este exercício que confere grande força e resistência é, também, um dos mais desafiadores na prática do Yoga. Para executá-lo, primeiro, com os joelhos flexionados e *metatarsos plantados no chão apoie os cotovelos na região abdominal ou abaixo das costelas flutuantes. É muito importante aproximar os cotovelos na linha central do seu corpo a fim de usar menos força. Escolha um apoio de mãos. Eu sugiro usar as mãos em "Y", com o polegar à frente e demais dedos para trás, mas se for difícil ou doloroso, coloque as mãos espalmadas para trás (foto 90). Depois, mantendo os cotovelos flexionados e bem encaixados no seu tronco, projete o peso corporal para frente mantendo a cabeça erguida. Estenda um joelho de cada vez para trás (foto 91) e sustente o abdome ativado com toda a musculatura corporal. Nessa variação com o apoio dos pés no chão você já está em *mayurásana,* num grau de dificuldade menor. E, então, mantendo a confiança, a concentração e a e resiliência, encontrando o seu ponto de equilíbrio, eleve os pés, um de cada vez. No começo de seu treinamento será, provavelmente, bastante difícil executar a técnica completa (foto 92). E isso é bem natural, portanto, não desanime. Comece devagar, sempre com vigor e buscando, a cada nova prática, permanências maiores, mantendo o primeiro apoio (foto 90), com os joelhos e, depois, o segundo apoio foto 91) com os pés e quando você menos esperar, pronto (foto 92)! Terá conquistado essa poderosa técnica de fortalecimento integral e, certamente, de auto superação.

*Metatarso é o osso longo do pé formado pelo conjunto dos cinco ossos metatársicos. Literalmente é a bola do pé que antecede os dedos.

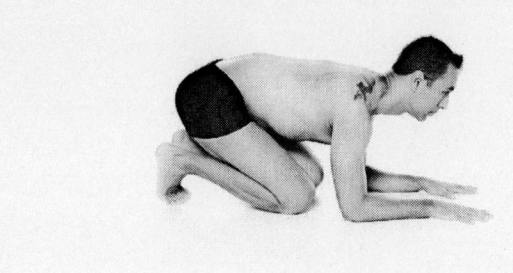

Foto 93

Foto 94

Foto 95

Vrishkásana (fotos 94 e 95)

A *Postura do Escorpião* é uma técnica muscular, mas também, uma invertida. Ou seja, está dentro da família de ásanas que atuam no gerenciamento da circulação pela inversão postural. É um exercício bastante desafiador física e psiquicamente, afinal, todos que estão aprendendo esse *ásana* sentem bastante receio de fazê-lo e terminar caindo para frente. Não se preocupe tanto, as quedas, às vezes, ocorrem em seu aprendizado e por esse motivo precisamos, também, treinar como cair para aprender a não se machucar. Então, vá com calma. Afinal você está sozinho orientando-se por este livro, mas sem um professor presencial para ajudá-lo, então, aos poucos construa o seu *ásana*. Comece se apropriando dos apoios e à medida que você conquiste confiança ouse um pouco mais, sempre com respeito aos seus limites. Dessa maneira, este é, também, um excelente *ásana* para o gerenciamento dos medos. Primeiro, como na foto 93, apoie os antebraços no chão na largura dos seus ombros. Mantendo os joelhos apoiados no chão e os metatarsos plantados no solo. Depois estenda os joelhos elevando os quadris e caminhe à frente até sentir a musculatura dorsal presente. Eleve uma das pernas ao máximo e, então, empurre o corpo para o alto com a perna de baixo. Use os ombros, costas e abdome na sustentação, foto 94. Por último, flexione os joelhos aproximando os pés da cabeça, foto 95.

Não tenha pressa para realizar essa técnica. Compreenda e conheça os limites do seu corpo, mas queira superá-los com inteligência e resiliência. Mantenha o esforço constante, *tapash. Não desista depois de cair, pois muito provavelmente você cairá algumas vezes até conquistar a técnica. As quedas, inclusive, desde que adequadas, ajudam você a gerenciar o medo e a fortalecer a musculatura.

Tapash é, segundo a tradição yogi, o esforço constante, a disciplina, o sacrifício, a dedicação e a autossuperação.

Foto 96

Foto 97   Foto 98

Vajrolyásana (fotos 96, 97 e 98)

Esse *ásana* que visa fortalecer os músculos abdominais e dorsais pode ser praticado de muitas maneiras distintas, desde que não produza dores nas costas ou abdome. Para executá-la, sente-se sobre os ísquios ou, dependendo da técnica, sobre a lombar. Ajuste o tronco e membros num ângulo que lhe seja firme e confortável. A coluna, na medida do possível, permanece firme. É preciso manter a musculatura das costas ativada o tempo todo enquanto no exercício. Você pode segurar os tornozelos com os joelhos flexionados (foto 96), desde que o abdome seja solicitado. Se for possível, estenda os joelhos. Isso irá exigir um pouco mais da sua atenção e esforço (foto 97). Permaneça, se possível, no mínimo por três minutos, o máximo é quanto você suportar, desde que não produza dor ou desconforto demasiado. Numa outra variação bastante poderosa, depois de estender os joelhos e coluna, tombe a cabeça para trás (foto 98). Isso dificulta a permanência equilibrada e exige mais da musculara e senso de estabilidade. Melhorando essas características. Lembre-se sempre que **a saúde da sua coluna está intimamente ligada com o fortalecimento do seu abdome. Portanto abdome forte resulta em coluna saudável!** Outra interessante característica associada a esse exercício é o gerenciamento subjetivo de emoções pesadas, como a raiva, as agruras e os rancores que, segundo a tradição hindu, estão alojadas no abdome. Então, segundo a crença, à medida que fortalecemos e tomamos consciência dessa musculatura, minimizamos os efeitos negativos de emoções pesadas em nossas vidas.

Nas três variações que apresentei é muito provável que você sinta, depois de uma breve permanência no exercício, a musculatura abdominal começará a vibrar. Não se preocupe, desde que não vibre muito forte no sentido de produzir dor. Essa vibração ocorre pelo bombeamento de sangue e oxigênio na musculatura solicitada. Lembre–se: mantenha o vigor, mas não produza dor.

Ásanas de extensão e retroversão, no solo
(favorecem a saúde da coluna vertebral e musculatura torácica)

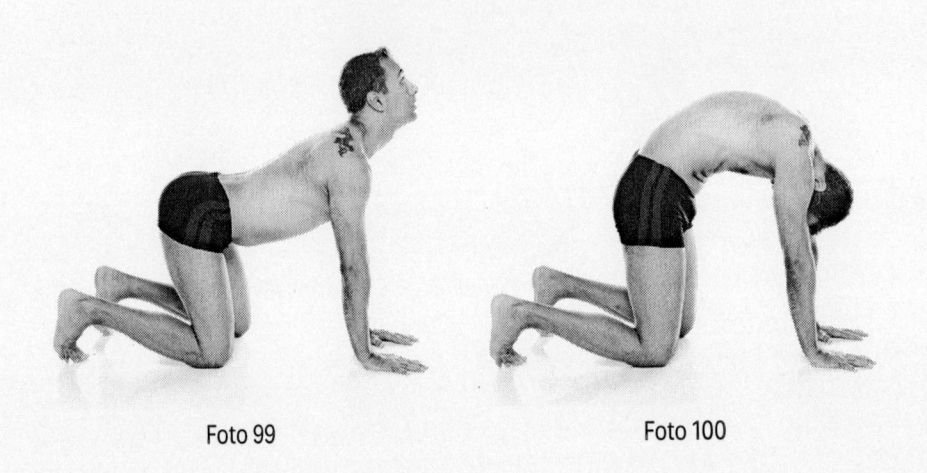

Foto 99   Foto 100

Marjariásana (fotos 99 e 100)

Para fazer a *Postura do Gato* mantenha as mãos afastadas na largura dos ombros, dedos bem abertos e pés da largura dos quadris com os metatarsos cravados no chão. A distância entre os pés e suas mãos deve ser o tamanho do seu tronco. Inspire retro flexionando, projetando o coccix para cima e para trás, distanciando as orelhas dos ombros e expandindo o abdômen, e, na sequência, espire flexionando a coluna, trazendo o cóccix para baixo e para dentro, pressionando o queixo contra o peito e contraindo o abdômen. Repita no mínimo oito vezes cada ciclo (retroflexão e ante flexão). Esse *ásana* alivia as tensões, favorece a coluna vertebral e o sistema nervoso central, melhora a circulação torácica e massageia os órgãos abdominais.

É um ótimo exercício para minimizar dores nas costas. É muito importante harmonizar a respiração com o movimento corporal.

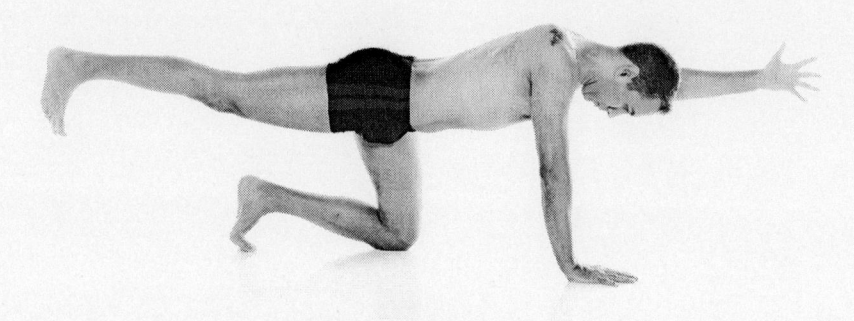

Foto 101

Viagrásana (foto 101)

Para fazer a *Postura do Tigre* eleve braço e perna, alternados, force ambos em direções opostas. Flexione o pé da perna estendida e abra bem os dedos da mão a frente. A cabeça permanece no prumo e o braço elevado na linha da orelha. Distribua o peso corporal, igualmente, nos membros de apoio e mantenha o abdômen ativado. Faça o mesmo o lado oposto e distribua o tempo de acordo com a sua necessidade. Sua prática tonifica os membros e musculatura torácica, favorece a saúde da coluna e melhora a estabilidade corporal.

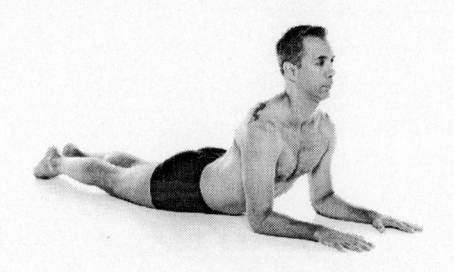

Foto 102

Foto 103

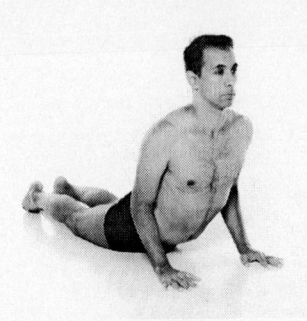 

Foto 104   Foto 105

Bujangásana (fotos 102, 103, 104 e 105)

A *Postura da Naja* inicie deitada em decúbito frontal. Antes de exe-cutar a técnica tenha certeza de que sua coluna esteja bem para fazê-la. Esse exercício não pode produzir dores na coluna ou mal-estar pela alteração da pressão sanguínea. Mas caso você tenha alguma limitação ou problema de coluna que não seja grave, comece fazendo o *súkha bujangásana*, colocando os cotovelos abaixo dos ombros e empurrando a pélvis contra o solo, estendendo a coluna com relativo vigor, foto 102. Num segundo momento, explorando a musculatura torácica, mantenha os pés unidos e, empurrando o chão com as mãos comece a estender os cotovelos no máximo 90°, mantendo os braços unidos ao tronco. Procure usar mais a musculatura do tronco do que o empurrar dos braços, foto 103. Então, depois de alguns instantes fortalecendo cotovelos e dorsais, continue a elevação do tronco sem estender totalmente os cotovelos, percebendo a musculatura torácica ainda presente na sustentação do *ásana,* foto 104. E, por último, de a máxima extensão, nos instantes finais de sua permanência, tombando a cabeça para trás, foto 105.

Para as quatro possibilidades você precisa exercer quatro forças antagônicas. 1. Force a pélvis para baixo; 2. Force a cabeça para cima; 3. Force o osso esterno para frente; e 4. Force os ombros para trás. Tudo com vigor e sem produzir dor. Se ao realizar as quatro forças você sentir pinçar a lombar, flexione os cotovelos ou repouse os dois antebraços no solo, como na foto 102.

Os principais efeitos desse importante *ásana* é o alongamento dos músculos abdominais e a tonificação da musculatura dorsal. Além de melhorar consideravelmente a elasticidade da coluna. Beneficia o coração e desesclerosamento da caixa torácica.

Ásanas de ante flexão, no solo
(beneficia os músculos posteriores, mobilidade e coluna vertebral)

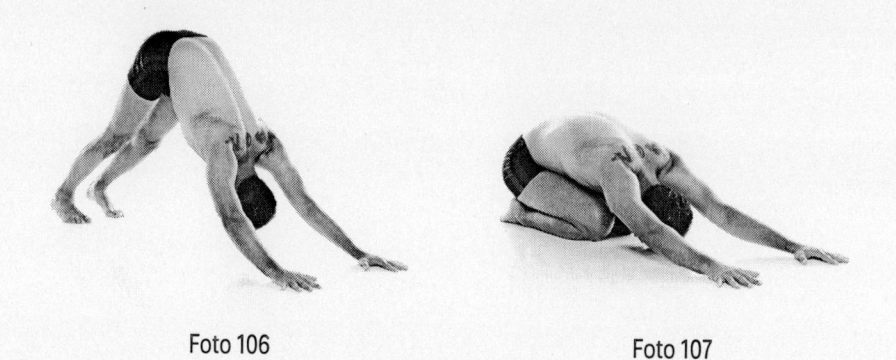

Foto 106

Foto 107

Uttana Chatuspadásana (foto 106)

A técnica, *Forte Extensão Posterior em Quatro Apoios,* parte de *cha-tuspadásana* (foto 69). Empurre com as mãos o quadril para cima e para trás e, ao mesmo tempo, com os pés, o quadril para frente e para cima, exercendo duas forças contrárias na sustentação do *ásana*. Não feche ou abra o ângulo entre os braços e pernas ao executar a técnica. É importante manter a coluna tracionada para baixo, ativando os dorsais e ombros. Procure, aos poucos, cravar os calcanhares no solo e sustente uma crescente sensação de calor nos músculos dorsais, braços, ombros e posteriores de pernas. Fixe o olhar, *drishti,* na ponta do nariz. Esse *ásana* tonifica as costas, alonga os músculos posteriores das pernas, flexibiliza os ombros, tornozelos e lombar, e purifica o sistema nervoso central. Procure permanecer por um longo período, três minutos no mínimo e, depois, descanse em *garbásana*, foto 107, assimilando conscientemente os efeitos do exercício, apropriando-se das sensações promovidas pela técnica.

Foto 108   Foto 109

Janusirshásana (fotos 108 e 109)

Mantenha a planta do pé próxima a virilha na parte medial da perna
estendia. Flexione o tronco sobre a perna da frente, levemente flexionada.
Aproxime os cotovelos no chão e a cabeça no joelho. Relaxe os ombros.
Mantenha a respiração fluindo conscientemente e concentre−se nas áreas
que lhe chamam a atenção, foto 108. Na variação, também chamada de
mahamudrá, se a sua flexibilidade permitir, estenda o joelho, segure o dedão
do pé com os dedos médios e indicadores de cada mão, puxe estendendo a
coluna e cole o queixo no peito. O aumento do vigor e pressão irá favorecer
a profunda oxigenação nas áreas de atuação da técnica. Mantenha esse
final, mais vigoroso, por alguns instantes e, então, relaxe e faça o mesmo
para o lado oposto. Quanto a fase inicial, foto 108, fique por um tempo maior.
Quanto mais você ficar, mais irá alongar. A técnica favorece a elasticidade
das pernas, a coluna e a musculatura torácica.

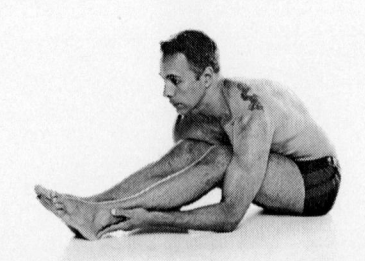

Foto 110

Foto 111   Foto 112

Paschimotanásana (fotos 110, 111 e 112)

O nome em sânscrito da técnica pode ser traduzido como *O Sol Poente* que, segundo a mítica do Yoga, refere-se aos aspectos do inconsciente. Fisicamente, há três maneiras básicas para realizar esse importante *ásana*. A primeira, foto 110, sugere flexionar o tronco à frente mantendo as pernas unidas, os joelhos levemente flexionados a fim de proteger a coluna, as mãos nos tornozelos ou onde a sua flexibilidade permitir, os ombros próximos dos joelhos e os cotovelos no chão, se possível. Não force ou tensione demasiadamente, a ideia é, literalmente, descansar na ante flexão. Permanece por alguns minutos e, então, passe a possibilidade seguinte, foto 111. Segure os dedos maiores dos pés com os dedos médios e indicadores de ambas as mãos, estenda os joelhos e a coluna, eleve a cabeça e ative profundamente a musculatura dorsal e posterior das pernas. Segure por alguns instantes elevando a cabeça e tombando-a para trás ao inspirar, lenta e profundamente, e flexionando-a aproximando o queixo do peito, ao expirar, lenta e profundamente. Repita esse processo por três vezes e nos instantes finais de sua permanência, espire lentamente e, ao mesmo tempo, dê o máximo que puder, aproximando o tronco das pernas, foto 112. Procure, ao fazer os três níveis dessa técnica, explorar ao máximo as apneias, sendo com ar nos movimentos para cima e sem ar nos movimentos para baixo.

Esse *ásana* alonga os músculos posteriores das pernas e dorsais, regula o funcionamento dos rins e flexibiliza a coluna vertebral. Favorece o sistema circulatório e combate a ansiedade.

Subjetivamente confere-se a esse exercício a função de purificar a *sushumna*, canal de energia associado ao sistema nervoso central por onde acende–se a identidade biológica do indivíduo, *kundalini*, a fim de produzir o estado expandido de consciência, *samádhi*, meta do Yoga.

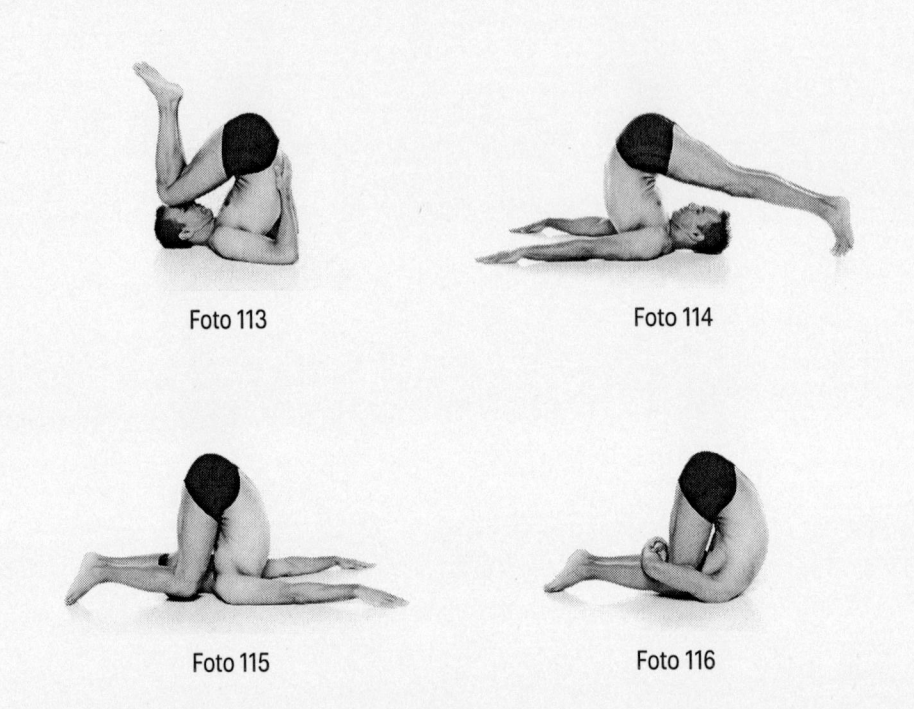

Foto 113   Foto 114

Foto 115   Foto 116

Halásana (fotos 113, 114, 115 e 116)

É um ótimo exercício para o bom gerenciamento do estresse que, fisicamente, fica alojado nas áreas de apoio dessa técnica – nos músculos do trapézio, ombros e posteriores do pescoço. Para realizá–lo temos quatro graus de dificuldade. Comece deitado em decúbito dorsal, inspire e, rolando a coluna, expirando, aproxime os joelhos da testa, foto 113. Segure, com as mãos, próximo a região lombar e, suavemente, empurre a coluna em direção a cabeça. Depois de alguns instantes (um a dois minutos), se possível, estenda os joelhos e leve os braços ao solo, foto 114. Inspire profundamente e solte o ar, pelas narinas, bem devagar, percebendo que as áreas tensas vão relaxando. Então, depois de dois a três minutos, sendo possível, toque os joelhos no chão ao lado das orelhas, espirando, foto 115 e, nos instantes finais, tendo conseguido tocar os joelhos no chão, abrace as pernas e feche o máximo possível sua postura, foto 116. Não force ou tensione demasiadamente. Há um certo desconforto nesse *ásana,* então, permaneça no grau de dificuldade que você consiga sem sentir desconforto demasiado. Mantenha o vigor e nunca produza dor. Respire profundamente usando o abdome e a cada saída do ar, descontraia e ceda um pouco mais. Em nenhum momento mova ou arrume a cabeça estando ela apoiada no solo. Isso pode machucar seriamente a região cervical.

Este é um dos melhores exercícios para minimizar o estresse cotidiano e as tensões musculares nas costas. E é, também, excelente para a mobilidade cervical e coração.

Ásanas de extensão da parte anterior do tronco
(Tonifica grupos musculares anteriores)

Katikásana (fotos 117, 118 e 119)

É uma técnica muito utilizada para compensação dos exercícios de anteflexão. Ou seja, depois de fazer uma técnica de alongamento posterior de pernas, por exemplo, é necessário compensar exercendo uma força contrária nas áreas alongadas e outros grupos musculares de apoio. É também um ótimo exercício para tonificar a musculatura anterior das pernas, do tronco, ombros e braços. Nas três maneiras apresentadas nas fotos ao lado, observamos os graus de dificuldade, do mais suave ao mais intenso. Na primeira técnica, foto 117, sente-se e afasta as pernas na largura dos quadris, flexione os joelhos no ângulo de 90º e apoie as mãos, voltadas para frente, abaixo dos ombros. Inspirando eleve o tronco e mantenha a cabeça firme no prumo. Permaneça enquanto puder estar com os pulmões cheios, depois, soltando o ar, relaxe. Na segunda variação, foto 118, mantenha um joelho flexionado e o outro estendido. Comece como na técnica anterior e por se tratar de um exercício bilateral, faça o mesmo tempo para os dois lados. Note que o apoio de mãos mudou em relação ao exercício anterior. Mas se você tiver uma hiperextensão nos cotovelos continue praticando com as mãos apoiadas e voltadas para frente, para evitar riscos de lesões, foto 117. Na última aplicação, foto 119, considerando a mesma indicação quanto ao apoio de mãos, inspire ao elevar o tronco, estendendo os joelhos e pés com bastante vigor, como se desejasse elevar os calcanhares. Ao alto, solicite a região lombar para produzir sua devida compensação, caso tenha feito, antes, uma anteflexão de alongamento posterior de pernas. Mantenha o pescoço firme e não produza dor nos ombros. Permaneça o tempo que puder respirando normalmente.

Foto 117

Foto 118   Foto 119

Bandhásana (foto 120 e 121)

Este *ásana*, fisicamente, favorece o sistema nervoso central e o coração, tonifica os músculos de apoio dorsal, os quadríceps e a região lombar, alonga o abdome e flexibiliza a região cervical. Para executar a técnica, deite-se em decúbito dorsal e flexione os joelhos deixando as pernas afastadas na largura dos seus ombros, mantenha os dedos médios das mãos próximos dos tornozelos e, inspirando, eleve o quadril o máximo que puder. Neste momento o queixo permanece junto ao peito e toda a musculatura solicitada no exercício se faz presente, conscientemente. É muito importante expandir o abdome, vigorosamente, ao inspirar e, contraí-lo, também com vigor, ao expirar. Sua respiração é estritamente nasal, silenciosa e profunda. Você pode apoiar as mãos na altura da cintura para empurrar um pouco mais o quadril para cima, caso sinta dor ou não consiga acessar a musculatura de apoio (quadríceps, lombar e abdome) apenas com a elevação do quadril. Outra maneira de fazer esse exercício é harmonizar a respiração com os movimentos de suspenção e relaxamento. Ou seja, ao inspirar, lenta e profundamente, você eleva o quadril ao máximo, percebendo vértebra por vértebra saindo do chão. E ao expirar, lentamente, você abaixa o quadril até relaxá-lo e, também, sentido conscientemente vértebra por vértebra repousando no solo. É muito importante, neste formato, harmonizar a respiração e movimento, tudo no mesmo tempo e bem devagar. Quanto mais lento e harmonioso você fizer o movimento, maior será o controle muscular trabalhado. E quanto maior for o controle muscular adquirido, maior será a consciência corporal.

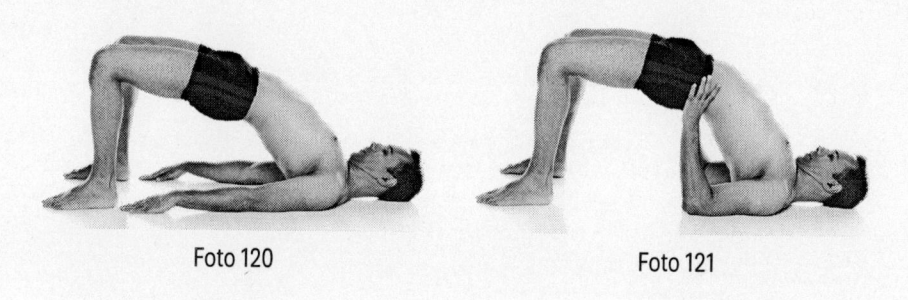

Foto 120 Foto 121

Ásanas de inversão
(Favorecem o sistema circulatório)

As invertidas requerem uma atenção maior para que sua execução seja a melhor possível, sem riscos à sua saúde. Esse grupo de treinamento é repleto de falácias sobre os efeitos milagrosos na manutenção da saúde. É verdade que as invertidas contribuem, e muito, para a melhora da saúde física e mental. Porém, há muito mais mitos do que verdades, alimentados pelos achismos e suposições que vão sendo replicadas sem a menor investigação ou comprovação cientifica ou prática, mesmo. Como, por exemplo, o retardamento do envelhecimento. Lembro-me de uma escola onde pratiquei que a professora costumava dizer que, segundo uma lenda *yogi*, detalhe, nunca encontrei essa lenda na literatura, mas, segundo ela, "se ficarmos trezentos dias numa invertida viveremos por trezentos anos."

Bom, se ficarmos alguns dias de ponta cabeça certamente não acrescentaremos aumento na expectativa de vida e, sim, a diminuiremos e muito e provavelmente morreremos de embolia pulmonar. Portanto cuidado com as promessas milagrosas defendidas em muitos centros de Yoga. A diferença entre o remédio que cura ou mata é justamente a dosagem.

Para executar as invertidas considere as seguintes advertências:

1. Se você for cardíaco, tiver patologias graves ou protrusões na coluna, não faça! É necessário preparar o seu corpo para que, no futuro, você possa suportar a técnica sem danos à saúde.

2. Não pratique em paredes, jamais. Acidentes graves ocorrem justamente pelo relaxamento da musculatura de apoio que precisa estar ativada para sustentar o seu corpo, e com apoio da parede a tendência é soltar todo o peso corporal no pescoço, cabeça e braços. Isso é muito perigoso.

3. Mantenha a musculatura ativada e nunca relaxe enquanto estiver na invertida.

4. A respiração pode ser à vontade, desde que consciente e nasal.

5. Quanto ao período menstrual, muitas escolas proíbem de executar as invertidas. Mas isso é, de certa forma, um tabu. Pois o organismo possui válvulas específicas que regulam a circulação independentemente da posição em que seu corpo se encontre. Então, use o bom senso, se durante o período menstrual for incomodo executar a invertida, não faça. Mas se estiver tudo bem para você, não há problemas em realizá-las.

Há vários efeitos positivos associados as invertidas. Entre eles, percebemos uma melhora da circulação venosa e linfática, logo, beneficia as funções cardíacas e o coração. Estudos comprovaram que as invertidas combatem a oxidação do organismo, talvez, daí o mito do retardamento do envelhecimento. Elas também melhoram algumas faculdades mentais como a memória e a concentração e, portanto, favorecem o bom desempenho da prática meditativa – principal técnica do Yoga.

Algumas escolas praticam as invertidas no início ou no meio da prática regular. Eu costumo praticá-las no final de uma prática, pois como atuam diretamente na manutenção da circulação, ao final da aula o sangue está mais oxigenado e repleto de nutrientes, pois estimulamos todo o corpo com as técnicas praticadas, potencializando energia na forma de calor e, portanto, nutrindo todo o organismo.

Kapalásana
Foto 122

Sirsásana (fotos 126 e 127)

Antes de construir essa técnica que é bastante cobiçada e, também, temida no Yoga, preocupe-se, primeiro, em fortalecer o pescoço e se apropriar dos apoios, corretamente. Assim você poderá praticá-la sem prejuízos à saúde. Primeiro apoie os cotovelos no chão na largura dos ombros, foto 123. Depois apoie o topo da cabeça no chão encostando-a nas mãos. Você formará um apoio triangular (antebraços e cabeça), então, estenda os joelhos, foto 124. Certifique-se que os apoios estejam firmes, empurre o tronco para cima com os ombros e costas e, então, caminhe à frente aproximando os joelhos do tronco e eleve uma das pernas ao máximo, foto 125. A perna que subiu avança para além do eixo de equilíbrio, isso, naturalmente, vai favorecer a outra perna subir. Use o abdome para a suspenção das pernas, mantenha a musculatura torácica ativada, empurrando o tronco para cima até ajustar o senso de estabilidade. A abertura das pernas favorece o equilíbrio, foto 126. E por último, estando firme e equilibrado, estenda as duas pernas ao alto, foto 127. Procure conquistar o *ásana* aos poucos, faça cada estágio com bastante segurança e firmeza. Dessa maneira você aprenderá a controlar o medo de cair e adquirirá a confiança necessária para a realização perfeita da técnica.

Foto 123

Foto 124

Foto 125

Foto 126   Foto 127

Kapalásana (fotos 130, 131, 132, 133 e 134)

Kapála é o nome que se dá ao topo da cabeça. Consiste, basicamente, em apoiar o peso corporal no topo da cabeça e mãos. Sua construção forma uma base triangular. Primeiramente, cruze os braços para encontrar, simetricamente, o ângulo mais adequado para construir a base com as mãos, foto 123. Seguindo a sequência de fotos para ilustrar a construção do *ásana,* ajuste a base formando um triangulo entre mãos e cabeça, foto 128. Então, apoie a rótula de um dos joelhos sobre o cotovelo, foto 129. Apoie, então, o outro joelho, foto 130. Cuidado para não deslizar as pernas sobre os cotovelos. Note que o apoio de mãos utilizado aqui é invertido e na ponta dos dedos das mãos. Isso não é uma regra, então, fique à vontade para escolher o apoio mais adequado. Certifique-se que o peso corporal esteja bem distribuído entre os apoios. Não pode doer o pescoço em hipótese alguma, se doer é porque você ajustou errado a base triangular, portanto, desconstrua o *ásana* e comece de novo. Às vezes, no início do seu aprendizado, o topo da cabeça doe um pouco e isso é natural, o que não pode dor é o pescoço. Uma vez encaixado e ajustado as articulações e apoios, ative a musculatura do abdome e costas para começar a elevar as pernas, foto 131, mas ainda, com os joelhos flexionados para que você conquiste, aos poucos, a confiança necessária para concluir a técnica. Passe as pernas para o lado das costas, fotos 132 e 133 e, então, estando firme e estável, estenda os joelhos, foto 134. Não tenha receio de cair, então, pratique sobre uma superfície firme, mas cuja queda não agrida o seu corpo. Um *MAT, por exemplo. Se cair à frente, flexione os joelhos e tente produzir um arco com a coluna, deixe o corpo ir, os pés chegarão primeiro no solo e você não baterá as costas no chão.

Foto 128   Foto 129

Foto 130   Foto 131

Foto 132   Foto 133

Foto 134

Sarvangásana (fotos 135, 136, 137 e 138)

Apresento quatro possibilidades de execução. Para todas é necessário observar a indicação comum as quatro variações do *ásana*. 1. Eleve o tronco com ar ou inspirando e o faça usando o abdome. 2. Certifique-se que sua cabeça não fique torta, a mantenha no prumo. 3. Sustente o *ásana* usando mais a musculatura torácica do que os membros e pescoço. 4. Feche os olhos, mantenha a respiração abdominal no tempo que desejar e mentalize um ponto luminoso entre as sobrancelhas. Permaneça por alguns minutos (mínimo de três minutos). Durante a permanência estende-se o tronco, joelhos e pés mantendo toda a musculatura do corpo ativada e susten-tando o queixo pressionado contra peito, veja aplicação ilustrada, na foto 135, ajuste o ângulo entre pernas e tronco de forma confortável para as costas. Já na foto 136 apresento o *padma sarvangásana*. Tradicionalmente o pé esquerdo fica por baixo e por dentro da perna direita. Estenda forte a coluna e pernas de forma a unir o queixo ao peito. Na variação, foto 137, o trabalho central é de equilíbrio sobre a cervical, apoiando os joelhos com as mãos. E, então, a forma completa, *raja sarvangásana*, 138.

Foto 135

Foto 136

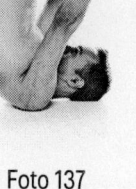

Foto 137

Foto 138

Ásanas de compensação
(compensando invertidas e sobrecarga no pescoço)

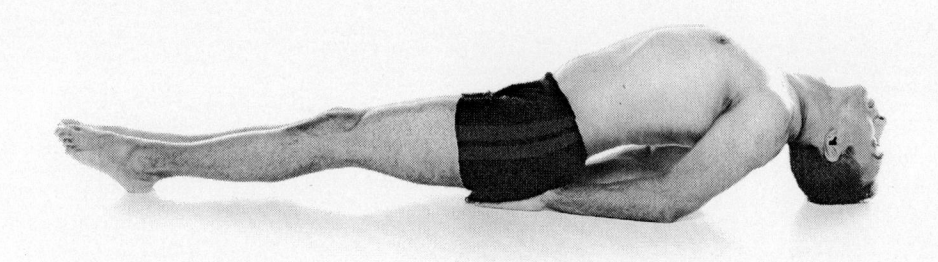

Foto 139

Matsyásana (foto 139)

A execução da técnica consiste, basicamente, em apoiar as mãos sob os glúteos e, com a ajuda dos cotovelos, eleve o tronco e toque o topo da cabeça no chão. Sustente o *ásana* com o abdome contraído e não, somente, com os cotovelos e muito menos a cabeça. Isso compensa a técnica *sar–*

gangásana. É importante sua execução como compensação das invertidas sobre os ombros e cervical para evitar, a médio e longo prazo, uma possível frouxidão ligamentar no pescoço. A técnica tonifica o abdome e cordas vocais, e é excelente para o desesclerosamento do tórax. A respiração é nasal, natural e consciente.

Foto 140

Muktásana (foto 140)

Flexione os joelhos e abrace as pernas junto ao abdome, com vigor, aproximando a cabeça dos joelhos. A técnica favorece a compensação ao final de uma exigência muscular intensa no abdome, costas e pescoço, ajudando a aliviar resquícios de tensão que tenha ficado nas extremidades da coluna. Se doer o pescoço pela aproximação da cabeça nos joelhos, deixe a cabeça repousada no chão, porém, mantenha o vigor do abraço e recolhimento abdominal.

Ásana para relaxamento e descontração
(promove o recolhimento sensorial e a melhora da consciência corporal)

Foto 141

Shavásana (foto 141)

Por mais contraditório e engraçado que pareça a afirmação a seguir, este é o mais difícil de todos os *ásanas*! Sim, é bastante difícil, pois ele não é uma construção corporal e sim mental. A tradução da palavra *shavásana*, nome da técnica, sugere *cadáver, pessoa morta*. Pois a finalidade desse treinamento é produzir a sensação de ausência absoluta. Como se neste momento, em *shavásana*, você deixasse de existir. Como alguém que deixou esse plano físico. Obviamente tal estado de ausência consciente é profundamente difícil de ser alcançado. Mas comecemos pelo básico que consiste em se deitar na posição anatômica buscando o máximo conforto. Depois feche os olhos e observe a própria respiração e interferindo em seu ritmo. Inspirando profundamente, pelas narinas, de forma ativa e prazerosa, e espirando, também pelas narinas, suave e passivamente. Repita isso inúmeras vezes, de forma consciente, para produzir o estado de descontração absoluto. Ao mesmo tempo, penetre sua atenção nas sensações que vão surgindo, mas não as analise, apenas observe e deixe–as passar. A ideia, enquanto *shavásana*, é produzir a sensação de ausência para atingir a máxima descontração e relaxamento. No capítulo sobre *Yoganidrá* – relaxamento, do livro, *Yoga Sem Mistérios*, desse mesmo autor, vamos nos deter com mais profundidade nesse assunto e oferecer técnicas e roteiros de treinamento mental nesse sentido.

*Relaxe, sorria e medite!
A meditação alivia o
cansaço, renova as
forças da mente e do
corpo e nos consola
na tristeza.*

9

RELAXAMENTO E MEDITAÇÃO

Como relaxamos no Yoga?

Yoganidrá é o Yoga do controle sensorial, da descontração e profundo relaxamento, um caminho prazeroso ao autoconhecimento.

A *Yoganidrá* é uma ideia recente, foi criada por *Satyánanda* há pouco tempo, em 1935, mas ele só veio a publicar a ideia na década de 1970 quando editou um livro denominado *Yoganidrá*.

A palavra *Yoganidrá* é de origem sânscrita e sugere Yoga do Sono. É um conjunto de técnicas que ensina a forma correta de repousar e recuperar-se mais rapidamente das tensões diárias, predispondo, inclusive, à obtenção de um estado de consciência específico, intermediário entre o sono e a vigília, denominado *Yoganidrávastha*. O estado de *Yoganidrá* está, dentro de uma faixa de atenção concentrada, excluindo todos os estímulos externos, e pode ser definido como a eliminação de toda estática mental e a mais completa abstração dos sentidos.

Segue um roteiro básico para a prática de relaxamento e descontração.

Preparativos

Procure um lugar tranquilo e com baixa luminosidade para relaxar. Hidrate-se antes de começar. Não ingira alimentos pelo menos trinta minutos antes de começar. Esteja com roupas leves e caso esteja frio, agasalhe-se. Se desejar, uma música suave e instrumental pode estar ao fundo num volume bem baixo, isso ajuda a acalmar os sentidos. Aromas podem favorecer o recolhimento sensorial, como réchauds aromatizantes, incensos ou similares, desde que suaves. Um pequeno travesseiro ou almofada pode ser colocado sob a nuca, confortando o pescoço e cabeça. Para deixar as articulações mais relaxadas, pode-se colocar toalhas de banho enroladas sob as articulações dos cotovelos e joelhos, fazendo com que os membros possam estar em contato com uma superfície agradável, favorecendo a ação da gravidade sobre eles, no sentido de relaxá-los. Tendo ajustado e, produzido fisicamente, a sensação de conforto, você está pronto para relaxar e descontrair.

Roteiro mnemônico à prática da Yoganidrá

Deite-se na postura mais confortável e relaxante possível, sugerimos *Shavásana* (postura anatômica deitada). Acomode os membros, tronco, pescoço e cabeça. Solte-se bem a partir desse momento, procure não se mover mais, isso vai lhe proporcionar um profundo estado de relaxamento e bem-estar. Permaneça lúcido e acordado, ouvindo atentamente tudo o que for dito pelo orador, filtrando e assimilando somente o que lhe convier, afinal, não queremos convencer ou converter ninguém à nada, apenas compartilhar uma relação de técnicas e conceitos mentais para lhe ajudar à acessar o autoconhecimento pelo recolhimento sensorial, pois esse, é também o caminho do Yoga.

Relaxe e abandone-se plenamente. Solte a coluna e, dela, relaxe o centro do abdômen, irradiando a descontração por todo o seu corpo. Inspire profundamente e ao exalar pelas narinas, descontraia todo o seu corpo de uma só vez, sentindo a força de atração da terra como se você estivesse se desmanchando. Abandone-se...

Agora, você vai trabalhar com a poder da imaginação para facilitar o relaxamento e a sensação de bem-estar.

Imagine uma névoa branca bem fina, brotando do chão em torno do seu corpo, formando uma nuvem cuja textura extremamente macia vai acomodando seus membros, tronco e pescoço, emanando uma temperatura agradável que vai acariciando a pele e os sentidos. E essa nevoa, profundamente relaxante, é tão fina que vai penetrando suavemente os poros de sua pele e, com isso, ela vai relaxando profundamente os nervos, músculos profundos, tendões e os ossos até a medula. E essa névoa, agradável e relaxante, vai produzindo um movimento constante de onda dos pés à cabeça. Relaxando profundamente os pés, dedos dos pés, o peito dos pés, calcanhares e tornozelos. Relaxando os pés como se eles estivessem se soltado das pernas e deixando seu corpo mais leve. E num segundo movimento de onda, de baixo para cima, a névoa relaxante vai soltando suas pernas, descontraindo os músculos laterais e mediais das pernas, relaxando os joelhos, os tendões e a parte de trás dos joelhos. Relaxando os músculos profundos das coxas, descontraindo a parte posterior das pernas, relaxando os glúteos, soltando o fêmur e a cabeça do fêmur, como se suas pernas estivessem se desconectando do tronco e deixando você mais leve. E num terceiro movimento de onda, de baixo para cima, a névoa relaxante vai descontraindo e descansando os quadris, os órgãos genitais, órgãos do abdômen e os órgãos do tórax, vitalizando os pulmões e tranquilizando o coração. Soltando e descansando as costas, coluna e fazendo você sentir o bem-estar que a prática do Yoga proporciona. E a névoa relaxante, vai então soltando os ombros, os braços, cotovelos, antebraços, músculos profundos, relaxando os punhos, mãos e dedos das mãos. Soltando profundamente os braços como se eles se desconectassem do tronco, deixando você mais leve. E agora, principalmente, relaxando o pescoço, laringe, faringe, jugular e vértebras cervicais. Relaxando as faces, lábios, língua, narinas, descontraindo os músculos oculares, pálpebras, sobrancelhas, a testa sem rugas, soltando o couro cabeludo e as orelhas. Sinta, portanto, todo o seu corpo completamente à vontade, leve, como se flutuasse no ar. Perceba o seu corpo profunda e prazerosamente irradiando leveza e bem-estar. É nessa fase que todos os seus poderes internos são despertados e desenvolvidos plenamente. E nesse momento, de profunda conexão com o próprio corpo, com a própria consciência, que o seu organismo assimila com propriedade todos os efeitos produzidos pelos *àsanas* (se o relaxamento for praticado após uma seção de exercícios corporais), ou, (pode-se substituir essa frase final por: e nesse momento, de profunda conexão com o próprio corpo e com a própria consciência, que o seu organismo assimila com propriedade tudo o que você promove no pensamento). É nessa fase que suas qualidades e virtudes vão sendo exacerbadas, enquanto os hábitos menos aconselháveis passam a ser eliminados. Portanto desfrute intensamente desses agradáveis momentos de descontração e lassidão, sinta a força, confiança e capacidade de realização em seu coração. Aproveite esse agradável momento de auto-conhecimento para mentalizar aquilo que você mais deseja realizar. Visualize com imagens claras, com riquezas de detalhes, como se estivesse vendo um filme e sendo o protagonista desse filme, afinal, é sua história de vida! E mentalize que todo o seu corpo assimile essa visualização, imagine que cada célula do seu corpo está absorvendo essa mentalização e ao mesmo tempo, potencializando a energia necessária para realizá-la e muito mais! Sinta e acredite que você pode ter isso e tudo aquilo que planejar. Mentalize o valor do esforço constante como matéria prima para se ter tudo o que se deseja. Mantenha a constância da prática dessa mentalização e siga em frente com determinação e coragem! Trabalhe por realizá-la, incansavelmente e sem desistir, independente das naturais adversidades que surgirem. Você é senhor de si mesmo! Você é o único responsável pelos desígnios de sua vida! Assuma essa responsabilidade e seja a transformação que deseja realizar! Então, com essa profunda e agradável certeza de poder fazer, de poder realizar, confie neste poder e usufrua desse direito a qualidade de vida que você possui. E é com essa confiante sensação de autossuficiência, aliada a aquisição de mais saúde, força e energia que o Yoga lhe traz, que você irá, lentamente, retornar à consciência do corpo físico, pelos cinco sentidos, do mais sutil ao mais denso; ouvindo melhor os sons à sua volta, inspirando profundamente sentindo o perfume do ar, movendo a língua e sentido os gostos, abrindo os olhos e enxergando, e movendo todo o seu corpo bem devagar, sentido o tato e espreguiçando-se prazerosamente, devolvendo força e vitalidade aos músculos, bocejando, sorrindo e sen-tando-se bem devagar... (para meditar ou outras atividades que impliquem em dinâmicas mentais).

O que é a Meditação no Yoga?

Há muitas definições para o termo meditação, dependendo do contexto ao qual se busca essa resposta. Para algumas religiões, meditação é o portal de conexão com o sagrado ou deidades. Para a filosofia, pode ser a prática da reflexão e/ou do pensar. Mas para o contexto que queremos desbravar, a meditação "é o controle das instabilidades da consciência", assim disse o sábio Patáñjali (sistematizador do Yoga). É quando o observador, o objeto e o ato de observar se transformam numa única coisa.

O principal objetivo da meditação, e por definição, do próprio Yoga, é minimizar ou eliminar os hábitos mentais nocivos e condicionamentos destrutivos mais profundos. Meditar não é uma faculdade acessível apenas aos mestres orientais que vivem em templos ou cavernas nos Himalaias. Meditar é uma faculdade mental acessível a qualquer ser humano que pensa. Meditar é simples, natural e tem resultados permanentes. Portanto, se desejamos uma definição para o termo meditação, talvez o conceito mais adequado à técnica seja: estado de propriocepção não sensorial e não racional.

O que é consciência?

Se observarmos atentamente o universo ao qual fazemos parte, podemos perceber algo que, aparentemente, é uma constante, nada é absolutamente o que se aparenta num primeiro plano de observação, nada é imutável, tudo está em constante transformação. Nada, portanto, é somente consciente ou inconsciente. Então, como se constitui a consciência? A consciência é, nesse prisma, um epifenômeno. Uma capacidade de percepção limitada dos fenômenos transitórios e ilimitada naquilo que se pode atingir enquanto fenômeno evolutivo.

Quais são os tipos de meditação?

Existem dois tipos básicos de meditação: uma parte do princípio do "esvaziamento" mental, da ideia de "não pensar", de que "nada do que está aqui é real", é chamada de meditação *Shúnya* (esvaziamento), mais comum nas escolas budistas. E a outra forma de meditação parte do princípio do "preenchimento" do espaço mental, da apropriação do espaço mítico, na crença de que "eu já sou a realidade". Essa técnica é chamada de meditação *Purna* (preenchimento), mas comum nas escolas de Yoga. Elas se dividem em duas escolas, uma nega toda a existência pelo aniquilamento do Eu *(Shunya)*, e a outra aceita a existência pelo preenchimento do Eu *(Purna)*.

O primeiro tipo, *shunya*, desconstrói a própria mente, desvinculando-se de tudo o que está em volta. Depois vai desvinculando aos poucos de si mesmo, do próprio ego e aí vai se despindo de tudo o que está em volta para se identificar com nada. Permanece, nessa prática, eliminando, eu não sou isso, não sou aquilo. Parece estranho pois qualquer pessoa sabe que não é uma pedra, que não é uma árvore etc. Mas o indivíduo precisa dessa afirmação para limpar os pensamentos. Então, ele vai tirando, tirando, tirando, até sobrar uma única coisa. A maior parte das pessoas tendem a errar nessa técnica porque param no momento errado, e falam: "tirei tudo, só sobrou isso". E aí acaba se identificando com mais uma coisa e gera um *vritti* (perturbação mental). E aí nessa hora tem que ter uma coragem absurda porque você está preso só por esse fio. O medo da morte surge nesse minuto. É o momento que você vai falar, eu não sou isso também... e, então, entrar em meditação.

O segundo tipo, *purna*, age e pensa o tempo todo como parte da unidade primordial. Nessa maneira de meditar trabalha-se com a imaginação e/ou mentalização. Construindo no espaço mental cenários e características que se deseja atingir. O Yoga sugere uma grande quantidade de técnicas nesse sentido. Por exemplo, meditar sobre um símbolo (*yantra*), meditar a partir de sons (*mantra*), meditar por intermédio dos *chakras* (vórtices) e muitas outras. Basicamente nesse tipo de meditação se trabalha com a apropriação do espaço mítico, da narrativa mental que nos constitui.

Por que não meditamos imediatamente?

Para meditar precisamos de infraestrutura emocional para poder lidar com o acréscimo de consciência e o grande volume de percepções. Portanto é um fenômeno que se constrói aos poucos, desde que haja constância na prática.

Mesmo que o indivíduo não tenha conseguido meditar, num primeiro momento, estará, sim, muito melhor ao terminar sua prática do que estava ao iniciar. Porque o processo de meditação, a cada prática, já é profundamente transformador mesmo que não se perceba diretamente. Porque, a sua dedicação, o seu carinho, o seu esforço, a sua capacidade de concentração vão aumentando, tudo em você vai mudar em função do treinamento que você está se propondo. Então esse autoesforço, esse caminho, vai moldando você em outra pessoa. O corpo vai ficando diferente, a voz vai ficando diferente. A energia vai ganhando uma forma diferente. Todo o eu da pessoa, tudo o que ela é vai se transformando em função da meditação. Então ela fica diferente. A pessoa se ressignifica.

Como começo a meditar?

Você precisa adequar o ambiente para que sua experiência seja a melhor possível. Escolha um lugar tranquilo, com pouca luminosidade, preferencialmente sem pessoas transitando em torno. Se lhe for agradável pode usar um *rechaud* ou incenso de boa qualidade, uma música suave de fundo e um assento confortável. Procure não se preocupar muito com o tempo ideal para meditar, apenas se proponha a permanecer por algum tempo exercendo sua prática, desde que não excessivo ou curto demais. O tempo ideal, para você, é aquele que se mantém confortável. Assim você conquistará tempos maiores a cada nova prática sem estressar o seu organismo.

Primeiro, sente-se de forma firme e confortável sobre os ísquios, que são aqueles ossinhos sob a bacia. Pode ser sobre a cadeira, desde que você não encoste no encosto do assento. Firme os pés no chão deixando-os paralelos na largura dos seus ombros. Repouse as mãos sobre as pernas com as palmas para cima, isso propõe a receptividade. Estenda a coluna vertebral com suavidade. Recolha levemente o queixo o mantendo paralelo ao solo, percebendo o encaixe da cabeça na região cervical. Relaxe os ombros, isso ajudará a descontrair todo o seu corpo. E, então, feche os olhos.

Segundo. O que é comum a todas as práticas meditativas é a res-piração consciente. Então, mantendo os olhos fechados, inspire lenta e profundamente pelas narinas, de forma ativa, e deixe, depois, o ar sair pela boca, passivamente, produzindo um som de eco na garganta, um leve ruído. Consegue-se isso contraindo a musculatura em torno da glote. A mesma musculatura que você utiliza para tossir. Repita isso por três vezes. Então, a partir da quarta inspiração, torne-a profunda, consciente, silenciosa e estritamente nasal. Você pode contar, mentalmente, de um a quatro na inspiração e de oito a um na expiração. Se for difícil, conte de um a três na inspiração e de seis a um na espiração. A finalidade não é pensar na contagem ou mantê-la como técnica de meditação. A contagem serve para manter a sua atenção presa dentro de um circuito respiratório e mental. Pois para acessar a meditação é preciso, primeiro, conseguir se concentrar, e esse exercício tem essa finalidade. É muito provável que depois de alguns

minutos você experencie uma profunda sensação de paz mental e serenidade emocional. Esse é o primeiro fenômeno da meditação dentre muitos
outros que você conseguirá com a constância da prática.

É muito importante que você pratique todos os dias para poder acessar,
rapidamente, seus efeitos no gerenciamento mental. Os melhores horários
para meditar é pela manhã, na transição da noite para o dia e, no final da
tarde, na transição do dia para a noite. Mas se não for possível meditar
nesses horários faça no horário que você consiga, desde que pratique
diariamente. Para que você compreenda a importância da meditação na
melhora da sua vida, compare-a com o ato de tomar banho todos os dias.
Afinal, você se purifica diariamente no banho para manter o seu corpo
limpo, saldável e livre de possíveis doenças. A meditação é a mesma coisa!
Afinal, de que outra forma você conseguiria purificar a sua mente se não
pela meditação. Ela funciona como um processo de higienização mental
a fim de manter seus pensamentos organizados e sua mente limpa, livre
de "ervas daninhas". Então, vamos esfregar bem a mente com a bucha da
meditação! Vamos meditar para não medicar!

"Que todos os seres sejam prósperos, livres e felizes!"

10

GLOSSÁRIO YOGI

O acento indica onde está a sílaba longa, não necessariamente a tônica, assim pode ocorrer mais um acento na mesma palavra.

A

Abhyása
Prática aplicada ou diligente, repetição, aplicação, zelo, resolução, determinação, força de vontade.

Achárya
Instrutor, orientador, conselheiro, supervisor, preceptor, aquele que ensina por seu próprio exemplo.

Adhama
Inferior.

Agni
Deus do fogo ou o próprio elemento fogo, o mais antigo e cultuado em toda a Índia. Um dos *tattvas* (princípios). Nome de uma mudrá.

Ajápa
Repetição involuntária, como aquele executado com um mantra.

Ájña
Comando, nome do sexto núcleo ou *chakra* (centro de força) da *sushumná,* situado entre as sobrancelhas.

Anáhata
O "não percutido" chakra do coração cujo bija mantra é yam.

Anna
Alimento, pequena moeda indiana.

Ánanda
Bem-aventurança, plenitude, graça divina, felicidade inefável, sensação de bem-estar geral.

Anga
Parte, membro, etapa ou uma disciplina secundária. Refere-se também ao corpo, membro, parte de um corpo ou órgão.

Antara
Interior, interno, estar dentro.

Apana
O Prãna encarregado da eliminação. Nome de uma mudrá.

Ardha
Meia, metade.

Arya
Nobre.

Ásana	Assento, posição física firme e confortável do Yoga, postura, acompanhada de respiração específica, ritmo e mentalizações.

B

Báhu	Braço.
Baddha	Retido, atado, enlaçado preso.
Báhya	Exterior, fora, excluído da casta social, em oposição, em conflito, suspender a respiração após a expiração.
Bandha	Apertado, estreito, corrente, nó, preso, amarrado.
Bhadra	Virtuoso, puro, prudente, próspero.
Bháva(na)	Atitude, entusiasmo, disposição ou atitude mental, sentimento, emoção, fé, contrição, temperamento, inclinação, êxtase, existência.
Bhagavad	Variação de *Bhagavant*, em sânscrito significa sublime.
Bheda ou bhedana	Atravessar, perfurar, ruptura, fenda, divisão, brecha, distúrbio, semear discórdia, perfídia, traição diferença, divisão, alternado.
Bhrámára, bhrámári ou bhrámárin	Abelha negra, nome de um *pránáyáma,* de uma *mudrá* e de um exercício de *pratyáhára*, retração dos sentidos.
Bhrú	Sobrancelhas.
Bhuja	Braço ou ombro.
Bhujanga	Naja.
Bhúta	Elemento.
Bhútas	Espíritos elementares. Segundo a crença popular, são fantasmas ou espíritos maléficos que frequentam cemitérios, animam os corpos dos mortos.
Bija	Sêmen, semente.
Bindu	Ponto, grão, semente.
Brahmá	Primeiro aspecto da trindade divina hindu, o criador, o pai. É considerado o primogênito do universo. Nome de uma mudrá.

Brahmáchárya

Homem religioso ou dedicação ao estudo pertencente ao primeiro dos quatros estágios da vida. Identifica-se como *brahmáchári* o membro da casta brahmanica em sua infância, vida de um estudante solteiro geralmente devotado ao celibato, seu dever essencial é estudar, em especial os shastras vedicos, entregando-se ele próprio e todas as suas ações a *Brahmá.* Quando o jovem desperta para a sexualidade, ele é conduzido ao casamento para constituir família, e passa para outro *áshrama* (fase da vida). São quatro *áshramas: brahmáchári, gríhastha, vá-naprastha* e *samnyásí.* Muitas vezes *brahmáchári* não figura entre os *áshramas* por ser considerado um comportamento adequado apenas a crianças. Outros textos citam que *brahmáchárya* é o ato de renunciar aos oito *angas* da atividade sexual, são eles: *smarana, kirtana, keli, prekshana, guhya-bháshana, samkalpa, adhyavásáya* e *kriyánivritti.* Enquanto no ocidente sexo é genital na índia existe uma progressão que indica um ato sexual que começa com o ato de fantasiar (*smarana*), adorar o sexo oposto (*kirtana*), flertar (*keli*), olhar pessoas do sexo oposto (*prekshana*), conversar secretamente (*guhya-bháshana*), cobiçar (*samkalpa*), decisão de quebrar o voto de castidade (adhyavásáya) e finalmente consumar o ato sexual (*kriyánivritti*). *Brahmáchárya* também é uma das práticas que constituem a disciplina (*yama*) da ética yogi.

Brahmajñani

Um "conhecedor de *Brahman*". *Sri Ramakrishna* usava a expressão "*Brahmajñanis* modernos" para denotar os membros do *Brahmo Samaj.*

Brahmamuhurta

Período entre quatro e seis horas da madrugada, propício a meditação.

Bramána ou Brâmane

É a primeira e mais elevada das quatro castas (*varna*) da sociedade hindu e denota o sacerdote, aquele que detém o conhecimento. É também como são designados os comentários ou interpretações de certas partes dos *Vedas.*

Brahmaní

Significa literalmente "mulher brâmane". A mulher que ensinou *Sri Ramakrishna* as disciplinas vaishnava e tântrica, também conhecida como *Bhairavi Brahmaní.*

Buddhi

A faculdade discriminativa, intelecto, razão, juízo, discernimento, julgamento, entendimento, conhecimento. Provém da raiz verbal sânscrita "*budh*" que significa, despertar, tirar do sonho, refletir, pensar.

C

Chaitanya Consciência pura, mente, entendimento, inteligência, espiritualidade. também, o nome de um profeta nascido no ano de 1485, que viveu em *Navadvip*, *Bengala*, também, é conhecido como Gauranga, Gaura, Gora ou Nimai.

Chatus Quatro.

Chakra Roda, disco, círculo, arma de arremesso. Centros de energia com alegorias psíquicas espalhados por todo o corpo humano, especialmente ao longo da coluna vertebral (sushumna), por meio do qual a Kundalini sobe e onde se encontram os sete principais centros. Também se usa o termo *padma* para designar os chakras. Os chakras são: *muladhara*, *swadhistana*, *manipura*, *anahata*, *vishuddha*, *ajna*, *sahasrara*. Nome de uma mudrá.

Chandra Lua. Nome de uma mudrá.

D

Dakshinah Lado direito.

Dal Lentilhas, também um ensopado feito de lentilhas.

Danta Dente.

Dháraná Concentração. Da raiz *dhr*: levar, amparar, trazer. A dháraná (termo feminino) significa "sustentáculo que mantém unido ou suspenso".

Dharma Retidão, lei, justiça, dever, piedade, virtude, prática. Da raiz *dhr*: levar, amparar, trazer. Significa "sustentáculo que mantém unido ou suspenso". Lei universal e também a lei particular, a justiça ideal. É o nome usado para o deus da justiça.

Drishtí Igualmente a *darshana*, provém da raíz *drish* que significa: ver. No *Yoga* é o nome dado ao exercício de fixação visual num só ponto, usado como apoio de concentração e meditação.

Dugdha Leite.

Dugdha neti Uma Kriyá de limpeza das fossas nasais em que se utiliza leite morno.

Durga "A difícil de ser alcançada" ou "a que não se curva para ninguém", nome que recebeu quando contrário à sua vontade foi entregue por *Shiva* a um demônio que havia cobrado a dívida de tapash a ele.

Dva Dois.

E

Eka O número um.

G

Garbha Seio, matriz, ovo, germe, embrião, fruto.

Gayatri O *Gayatri Mantra* aparece pela primeira vez no *Rig Veda* composto por 10.552 versos em forma de mantras e está localizado no décimo verso do hino 62. Composto por 24 "letras" produzindo uma harmônica transcendental, recitado diariamente pelos hindus das classes devidamente qualificadas das duas vezes nascidos. *Gayatri* é também "a Força Primordial do Universo" (*adi shakti*) entidade que preside o *mantra*, conhecida também como *Maha Deví* a grande deusa.

Gitá Canto, poema, hino.

Granthi Nó, fecho, retentor. Nome que recebe o mecanismo de controle da subida da *kundaliní* dentro da *sushumná nádí*. São três obstáculos, a saber: *brahmagranthi* (no *múládhára chakra*), *vishnugranthi* (no *anáhata chakra*) e *rudragranthi* (no *ájña chakra*). Nome de uma mudrá.

Griva Pescoço.

Guna Características, qualidades ou atributos que constituem a matéria, que de acordo com a filosofia teórico–especulativa do *Samkhya*, Purusha (o ser), reflete na *Prakriti* (natureza), três gunas (qualidades) conhecidos como *tamas*, *rajas* e *sattva*. *Tamas* significa inérte, *rajas*, ativo e *sattva*, equilíbrado. As três *guna* são igualmente qualidades de *maya* a (ilusão).

H

Hara Um dos nomes de Shiva.

Hasta Mão.

Hastárga Dedo.

Hastina Elefante.

Hrid Coração ou a região do peito.

I

Ida   Canal que vai contornando todos os chakras, inicia no testículo/ovário direito e termina na narina esquerda.

J

Jala   Água.

Jánu   Joelho.

Jánushirsha   Cabeça no joelho.

Japa   Repetição.

Jápamálá   Terço, grinalda, colar de grãos, corda de nós, espécie de rosário *(málá)* que pode ser feito de 18, 27, 54 ou 108 contas de *rudraksha*, *tulasi*, *sphatika* (cristais), *chandana* (sândalo), pedras preciosas etc., e uma conta–guru que é denominada também de *meru*, terminando por um arremate geralmente feito de fios coloridos, que representa a unidade. Destina–se a auxiliar a repetição e contagem dos *mantras*. A *málá* de *Shiva* possui 32 ou 64 contas, já o de *Vishnu* 108.

Jihva   Língua.

Jiva   Homem vivente; "Eu" humano; princípio vital, Ser, alma ou espírito individual; Criatura. Não confundir com jihva, língua.

Jñana   Conhecimento, sabedoria, procedimento de raciocínio por meio do qual a verdade suprema é obtida, o conhecimento pelo qual uma pessoa torna–se consciente de sua real identidade.

JñanaYoga   A trilha do conhecimento, versado no discernimento e desapego.

K

Kanda   Um conjunto de nádis atrás do umbigo.

Kapála   Crânio.

Karna   Ouvido, orelha.

Kirtan   Música devocional, muitas vezes acompanhada de dança.

Kriyá   Atividade, ação, purificação. No Yoga, é o nome de certa classe de exercícios de limpeza dos órgãos internos que visa à purificação das mucosas, neste contexto utilizado como termo feminino, a kriyá; nome de um ramo do Yoga.

Kundaliní

Literalmente: serpentina, enroscada. É uma palavra de gênero feminino. Na fisiologia sutil existem canais denominados *nádí* por onde a energia passa e um dos canais mais importantes é o da coluna vertebral denominado *sushumná* no início desse canal existe uma abertura onde a *kundaliní* encontra−se em estado potencial e adormecido. Em estado ativo esse poder ígneo sai da base do *sushumná* onde está o *chakra muladhara*, situado entre a base do órgão sexual e o ânus, é considerado a sede da Kundaliní, e a partir daí atravessa toda a estrutura até o *Brahmarandra*. É da *sushumná* que partem os centros dinâmicos (*chakras*), onde a energia torna−se vitalizada e encontra sua máxima expressão produzindo o *samádhi*.

Kumbha

Pote, retentor, jarro.

Kumbhaka

Apneia, retenção do alento, um processo de Pránáyáma ou controle da respiração,

Kúrma

Tartaruga, nome de uma nádi situada na região do osso esterno na altura do coração estabiliza a mente.

L

Láyá

Literalmente: "absorção". Usado no sentido de dissolução ou imersão. Palavra derivada da raiz "*Li*": dissolver, desintegrar. Às vezes, aparece como sinônimo de samádhi. Láyá incita a dissipação do universo como ilusão fenomênica onde cessa toda a distinção ou mutação da manifestação.

M

Madhyama

Meio.

Madhyamárga

"caminho do meio". Um sinônimo de *sushumná nádí*,

Maha

"grande, imenso".

Mahabandha

Nome de um exercício. Significa "grande contração". Sua execução tem início assim: sentado em padmásana faça uma retenção da respiração (antar kúmbhaka), acompanhado da retração dos esfíncteres (múla bandha) e o contato da língua contra o céu da boca (jihva bandha), focalizando a mente no canal energético dentro da coluna (sushumná).

Mahabhútas

Os cinco elementos compostos por ákasha, ar, fogo, água e terra.

Mahamudrá Nome de um exercício. Significa "grande selo". Executa-se encostando o calcanhar esquerdo tocando a região entre o ânus e a uretra, coloque a perna direita estendida enquanto segura fortemente com as duas mãos o pé direito. Durante a permanência contraia a garganta (jalándhara bandha), enquanto faz a retenção da respiração (antar kúmbhaka), em seguida, faça uma longa e demorada exalação.

Mahanirvána A grande "iluminação", é formado por três partes *maha + nir + vana*. *Maha* significa grande, imenso + *nir* que indica negação ou ausência, denota "sem" e *vana* traduz-se por movimento sopro ou perfume. Procede do verbo *vá* que significa "soprar". *Vána* significa "soprado" *nirvána* significa "o que perdeu o sopro" ou "extinto". Nome de um tantra

Mahapatha "grande senda". Um sinônimo da *sushumná nádí*, o canal central, percorre o interior da coluna vertebral.

Manas Mente.

Manaskriyá Mentalização.

Mandala Círculo ou diagrama dotado de profundo simbolismo, usado como um mapa para o inconsciente.

Mantra (*man* – mente – *tra* – liberação) "instrumento do pensamento". Vocalização.

Máatra vibração, átomo, pausa, unidade de contagem próxima a um segundo (de acordo com os *shástras,* equivale a "um bater de palmas" ou "um piscar de olhos"). É usado para marcar o ritmo no *pránáyáma* e *ásana*. A partir dele é possível projetar um exercício no tempo. *Mátra*, portanto, significa tanto a unidade mínima de tempo, quanto à designação técnica que indica que o exercício está sendo feito com ritmo. Com a respiração ritmada podemos estabelecer uma vibração harmônica com a natureza. É oportuno aproveitar para corrigir um engano que se tornou frequente em alguns livros e textos, escrito por bons professores de Yoga, mas que não tiveram assessoria de um linguista ou estudioso de sânscrito e cometeram erros: o termo mátra não significa acento ortográfico, assim com o termo ikimátra <u>não significa</u> acento do "I"; ikimátra, okimátra, ekimátra referem-se aos símbolos utilizados para representar essas vogais, não se tratando de forma alguma de modificações de acentuação ortográfica! Assim, de acordo com os padrões internacionalmente definidos para a grafia dos termos do sânscrito, os termos Yoga, veda, Om, não devem receber nenhum sinal gráfico de acentuação ortográfica, sendo mais corretamente grafados como está neste livro.

Mátrika   Mater, mãe, origem.

Mauna   Voto de não verbalizar e não se comunicar, seja por gestos, sinais ou escrita.

Máyá   ilusão. No sistema filosófico espiritualista vedánta, o universo é máyá, uma mera ilusão. E está profundamente calcado na teoria de que esse universo é transitório e, portanto, trata-se de uma miragem.

Merudanda   A coluna vertebral.

Moksha   Liberação.

Mouna   Juramento ou voto de silêncio.

Mouni   Literalmente: "silencioso". Aquele que observa o silêncio.

Mudrá   Selo ou gesto. São gestos ou posições que induzem a certos estados mentais ou fisiológicos; o termo é feminino, logo é a mudrá, e a pronúncia tem a tônica no a final.

Múla   literalmente: "raiz".

N

Nabhi   Umbigo.

Náda   "som". Sonoridade, vibração sutil.

Nadí   rio, torrente ou corrente. São canais sutis físicos, porém, feitos de pura energia biológica por onde flui o Prãna. Ao todo são 72 mil desses canais formando uma intrincada rede de força ou sopro vital que anima o corpo.

Nauli   Automassageamento abdominal com isolamento do músculo reto. Técnica de purificação das mucosas.

Natarája   rei dos bailarinos; uma das representações de shiva.

Neti   Lavagem das fossas nasais utilizando água morna e salgada ou uma sonda de borracha. Também significa não.

O

OM   O Absoluto. A palavra mais sagrada dos Vedas. É o mais poderoso de todos os mantras. É também o símbolo universal do Yoga e do hinduísmo. Pode ser grafado também com três letras: A, U, M, mas a pronunciado é com a letra O.

P

Páda   pé, pata, passo, senda. Capítulo de um livro.

Padma	Lótus.
Pátañjali	Codificador do Yoga clássico no séc. III a.C. Seu livro é o Yoga Sútra.
Pingalá	É uma nádi que inicia na narina esquerda das mulheres (direita dos homens) e termina no ovário direito (testículo esquerdo).
Pradipiká	Iluminar, lâmpada.
Prãna	Princípio de vida, alento vital.
Pránáyáma	Expansão da bioenergia. Designa os exercícios respiratórios. Constitui o quarto passo do Yoga de Pátañjali.
Pratyáhára	Abstração dos sentidos externos. Quinto passo do Yoga de Pátañjali.
Pritivi	Terra, o mais denso dos cinco *tattvas*, ou elemento primordial.
Pújá	Oferta, honraria, oferenda ou retribuição. A pújá é um termo feminino e é um conceito importante da tradição cultural hindú.

R

Rája	Rei, real; prefixo utilizado nos ásanas para designar o grau de dificuldade completo.
Rajas	Literalmente: "impureza".
Rig Veda	o mais antigo dos *Vedas*.

S

Sádhaka	Praticante, estudante.
Sádhana	Prática, ritual.
Sahásrara	O sétimo e mais elevado dos sete chakras principais. Em alguns textos, ele não é considerado um chakra por ser tão distinto dos demais. Chamado chakra de mil pétalas, é situado no alto da cabeça. Uma vez desperto, produz o samádhi.
Samádhi	identificação com o Absoluto. É o oitavo e último passo do Yoga de Pátañjali; meta final do Yoga.
Samyama	É o nome dado ao conjunto de três técnicas realizadas ao mesmo tempo, que são: concentração (dháráná), meditação (dhyána) e hiperconciência (Samádhi), a meta do Yoga.
Sankalpa	Determinação, resolução.
Shanti	Paz.

Shavásana
Corpo sem vida (cadáver); a meta do shavásana é a mais absoluta descontração corporal; também conhecido como mritásana;

Shira
Topo da cabeça.

Shirsha
Cabeça.

Siddha
O perfeito, aquele que possui os siddhis.

Siddhi
Poderes paranormais, perfeições.

Simha
Leão, poderoso veículo de Durga.

Sukha
Fácil, agradável, felicidade, gozo, prazer, alegria, deleite, satisfação.

Supta
Adormecido, dormente; por extensão, deitado ou de olhos fechados.

Súrya
Sol; na mitologia indiana é o deus sol conhecido como Savitre ou Savitar, em tempos antigos foi considerado o criador do universo sendo aos poucos absorvido pelo conceito do vishnuismo no qual Vishnu passou a ser o criador dos mundos. Súrya possui uma carruagem puxada por sete cavalos, guiados por Aruna a aurora.

Sushumná
Nome de uma nádi que tem início na base da coluna vertebral e percorre a medula até o alto da cabeça. É uma das três principais nádis. Corresponde espacialmente à medula espinhal, nome de um ásana.

Sútra
cordão, fio condutor, aforismo, divisão, guiado por um cordão; sentenças matemática e filosoficamente perfeitas os sútras tem por característica serem concisos herméticos e enigmáticos. Curtos como um telegrama onde as palavras desnecessárias são sumariamente eliminadas. A forma sintética de sua escrita por um lado o torna incompreensível para os leigos, por outro lado, oferece uma fórmula perfeita para a memorização.

T

Tamas
Inércia.

Tri
três.

U

Udara
Abdome, barriga. Prefixo do shavásana frontal.

V

Vajra Bastão, raio, diamante.

Vairagya ou virága Desapego, desprendimento.

Vamah Esquerdo.

Váyu Vento, ar

Y

Yantra Símbolo, mecanismo, diagrama ou instrumento.

Yoga Adequação, uso ou meio para se conseguir algo. Pode significar também: equipe, veículo, transmissão, equipamento de um soldado, uso, aplicação, remédio, meio, expediente, maneira, método, meios paranormais, empreendimento, aquisição, ganho, proveito, riqueza, propriedade, ocasião, oportunidade etc.

Yoganidrá Yoga e nidrá são termos contraditórios; Yoga é a prática que amplia a consciência, enquanto nidrá é o estado mental em que a consciência se desvanece. Nidrá, significa sono; a Yoganidrá (termo feminino), sono yogi, ou como é chamado por algumas escolas de; "o sono psíquico" ou "o sono sem sono". É conhecido no ocidente por estado de vigilância serena, vigilância paralela, atenção suspensa, ou sonho lúcido; a eliminação de toda estática mental e a mais completa abstração dos sentidos é o objetivo do Yoganidrá. A Yoganidrá, como técnica de Yoga, foi desenvolvida por Swami Satyananda e incorporada em várias escolas de Yoga.

Yoganidrávastha Ou turiavastha, o quarto estado de consciência, situado além dos estados habituais: vigilia (jágritavastha), sonho (swapnavastha), sono normal (sushuptyávastha) e sono consciente (Yoganidrávastha).

Yoga patta ou Yoga pattaka a faixa que sustenta os joelhos de um yogi colocado em volta das pernas para facilitar os exercícios de meditação.

REFERÊNCIAS

Anatomia da Yoga, 2ª edição, Leslie Kaminoff e Amy Matthews – Editora Manole, 2012.

As Posturas Chave do Yoga, Ray Long, MD, PRCSC – Traço Editora, 2011.

Asanas | 608 Yoga Poses, Mitra, Sri Dharma – New World Library, 2003.

Ásanas, Swámi Kuvalayánanda, editora Cultrix, edição 2, 1984.

Pránýáma, Swami Kuvalayananda, editora Phorte, 2008, 1ª reimpressão, 2012.

Bhagavad–Gita, Tradução de Barbosa, Carlos Eduardo Gonzales – Editora Mantra, 2018.

Gheranda samhitá.

Guia do Yoga, J. Tondriau e J. Devondel, 1968.

Hatha Yoga Pradipika, Swátmarama, séc. XV.

O livro de Ouro do Yoga, De Rose, André – Editora Ediouro, 2009.

O Tratado do Yoga, De Rose – Editora Nobel, 2007.

Yogasutras de Patanjali, Tradução de Barbosa, Carlos Eduardo Gonzales – Editora Mantra, 2015.

Uma Visão Profunda do Yoga, George Feuersastein, Editora Pensamento.

Enciclopédia de Yoga da Pensamento, George Feuerstein, Editora Pensamento.

A Tradição do Yoga, George Feuerstein, Editora Pensamento.

Se você gostou do que encontrou nesta pequena obra, presenteie um amigo que acredite se identificar com o nosso trabalho, dando-lhe este livro e convidando-o a se juntar a nós nesta honrada missão de integração e autoconhecimento pelo caminho do Yoga.

Jefferson Shiun Flausino

Desde 1990 potencializando o Ser

www.yogacursos.com

DHARMA
CORPO E MENTE